高等职业教育新形态系列教材·汽车类

二手车鉴定评估与交易

韩佩宏 徐 艳 李维营 主 编
高玉峰 宋书魁 副主编

北京理工大学出版社
BEIJING INSTITUTE OF TECHNOLOGY PRESS

版权专有　侵权必究

图书在版编目（CIP）数据

二手车鉴定评估与交易 / 韩佩宏，徐艳，李维营主编. --北京：北京理工大学出版社，2022.6（2022.8 重印）

ISBN 978－7－5763－1424－3

Ⅰ. ①二… Ⅱ. ①韩… ②徐… ③李… Ⅲ. ①汽车-鉴定 ②汽车-价格评估③汽车-商品交易 Ⅳ. ①U472.9②F766

中国版本图书馆 CIP 数据核字（2022）第 110034 号

出版发行 /	北京理工大学出版社有限责任公司
社　　址 /	北京市海淀区中关村南大街 5 号
邮　　编 /	100081
电　　话 /	（010）68914775（总编室）
	（010）82562903（教材售后服务热线）
	（010）68944723（其他图书服务热线）
网　　址 /	http：//www.bitpress.com.cn
经　　销 /	全国各地新华书店
印　　刷 /	北京广达印刷有限公司
开　　本 /	787 毫米×1092 毫米　1/16
印　　张 /	20.25
字　　数 /	404 千字
版　　次 /	2022 年 6 月第 1 版　2022 年 8 月第 2 次印刷
定　　价 /	57.00 元

责任编辑 / 多海鹏
文案编辑 / 多海鹏
责任校对 / 周瑞红
责任印制 / 李志强

图书出现印装质量问题，请拨打售后服务热线，本社负责调换

前　言

随着我国汽车保有量的不断增加和人们消费意识的不断升级，二手车交易量越来越多，2021年二手车交易量到达1 758.51万辆，交易额达到11 316.92亿元，二手车与新车交易量之比为3∶5，交易额之比为1∶4，中国二手车市场的发展已经过渡到快速成长期。虽然与发达国家相比还有一定的差距，但是随着国家政策的不断完善和实施，我国的二手车市场必将逐步走向繁荣。

2021年1月份人社部发文新增了"二手车经纪人"一职，这是区别于二手车鉴定评估师的新职业，这也进一步说明二手车行业的不断发展促使业内职业分化越来越细化，进而也会改善二手车行业所存在的信息不对等、车况不透明、价格水分大等共性问题。加强二手车行业专业人才的培养势在必行。

本教材在编写时按照"高等职业学校汽车技术服务与营销专业"教学标准，依据二手车经纪人岗位要求，对接《二手车鉴定评估技术规范》、"1+X"汽车营销评估与金融保险服务技术模块（中级）技能大纲和二手车鉴定评估第三方"中估检"行业标准，融入行业最新的车辆鉴定项目、方法和标准，进行了基于真实工作过程的任务式课程内容重构，优化了课程体系，拓展了内容的深度和广度，打造了更贴近实际工作需要、学生更容易接受的工作手册式新型教材。

本书由日照职业技术学院韩佩宏、徐艳和李维营任主编，山东中估检机动车鉴定评估有限公司高级二手车评估师高玉峰和临沂德华汽车销售服务有限公司高级二手车评估师宋书魁担任副主编，具体分工是：韩佩宏、徐艳负责项目一和项目四~项目六内容的编写，高玉峰负责项目二内容的编写，宋书魁负责项目三内容的编写，李维营负责统稿。

本书在编写的过程中吸取了大量国内外专家的研究成果，也参考了许多文献资料，在此，全体编者向所有原作者表示衷心的感谢！由于编者水平有限，书中难免有错误和不当之处，诚请专家和广大读者批评指正。

编　者

目　录

项目一　二手车评估准备 ·· 1

　　任务一　接待准备 ··· 2
　　　　任务实施 ··· 3
　　　　实施要点 ··· 3
　　　　任务巩固与拓展 ··· 15

　　任务二　接待顾客,业务洽谈 ································ 18
　　　　任务实施 ·· 19
　　　　实施要点 ·· 19
　　　　任务巩固与拓展 ··· 56

　　项目学习成果实施与测评 ···································· 61

项目二　判别车辆合法性 ·· 67

　　任务一　接待准备 ·· 68
　　　　任务实施 ·· 69
　　　　实施要点 ·· 69
　　　　任务巩固与拓展 ··· 80

　　任务二　鉴别非法车辆 ······································· 85
　　　　任务实施 ·· 86
　　　　实施要点 ·· 87
　　　　任务巩固与拓展 ··· 94

　　项目学习成果实施与测评 ………………………………………… 99

项目三　二手车车况鉴定 ……………………………………………… 103
　　任务一　事故车判定 …………………………………………………… 104
　　　　任务实施 …………………………………………………………… 105
　　　　实施要点 …………………………………………………………… 106
　　　　任务巩固与拓展 …………………………………………………… 120
　　任务二　车辆静态检查 ………………………………………………… 127
　　　　任务实施 …………………………………………………………… 128
　　　　实施要点 …………………………………………………………… 130
　　　　任务巩固与拓展 …………………………………………………… 161
　　任务三　车辆动态检查 ………………………………………………… 174
　　　　任务实施 …………………………………………………………… 175
　　　　实施要点 …………………………………………………………… 175
　　　　任务巩固与拓展 …………………………………………………… 189
　　项目学习成果实施与测评 ……………………………………………… 194

项目四　计算二手车价格 ……………………………………………… 201
　　任务一　使用年限法计算成新率 ……………………………………… 202
　　　　任务实施 …………………………………………………………… 203
　　　　实施要点 …………………………………………………………… 203
　　　　任务巩固与拓展 …………………………………………………… 205

  任务二 部件鉴定法计算成新率 ································· 208
    任务实施 ··· 209
    实施要点 ··· 209
    任务巩固与拓展 ·· 212
  任务三 综合分析法计算成新率 ································· 215
    任务实施 ··· 216
    实施要点 ··· 216
    任务巩固与拓展 ·· 221
  任务四 重置成本法估算二手车价格 ·························· 224
    任务实施 ··· 225
    实施要点 ··· 225
    任务巩固与拓展 ·· 230
  任务五 现行市价法估算二手车价格 ·························· 234
    任务实施 ··· 235
    实施要点 ··· 235
    任务巩固与拓展 ·· 241
  项目学习成果实施与测评 ··· 245

项目五 撰写二手车评估报告 ·· 249
  任务一 撰写评估报告 ·· 250
    任务实施 ··· 251

  实施要点 ··· 251
  任务巩固与拓展 ··· 257
 项目学习成果实施与测评 ·· 258

项目六 二手车交易 261

 任务一 二手车收购 262
  任务实施 ··· 263
  实施要点 ··· 263
  任务巩固与拓展 ··· 266

 任务二 办理二手车过户手续 273
  任务实施 ··· 274
  实施要点 ··· 274
  任务巩固与拓展 ··· 280

 任务三 二手车销售定价 286
  任务实施 ··· 287
  实施要点 ··· 287
  任务巩固与拓展 ··· 293
 项目学习成果实施与测评 ·· 296

课程学习成果实施与测评 302

参 考 文 献 315

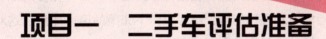

项目一 二手车评估准备

项目导读

本项目是评估人员开启评估任务的第一项工作。热情礼貌地接待客户,以专业的角度为客户解答二手车相关问题并赢得客户的信任,客户才愿意签订委托书。所以作为一名二手车评估师,不仅要具备二手车专业知识,还需要具备接待礼仪和一定的沟通技巧。

学习目标

(1) 二手车概念,国内外二手车市场发展历史和现状。
(2) 能够礼貌接待客户并与之业务洽谈,赢得客户信任。
(3) 能够指导客户签订二手车鉴定评估委托书。
(4) 根据车辆和车主情况,拟定合理的鉴定评估方案。

项目实施

在与客户沟通时,评估师需要结合委托书中的信息了解车辆和车主的基本情况,检查车辆与车主的相关证件和单据,判断车辆是否合法;指导客户签订评估方案,了解评估目的,为拟定评估方案做好准备。

任务一　接待准备

 任务导入

热情、开朗的小蔡是一位职场新人,毕业后非常幸运地进入到一家著名的二手车公司上班。他非常热爱这份工作,所以很认真地对待每一天、每一项工作。今天是他第一次独立、正式地接待客户,所以很早便开始精心筹备接待任务,他需要做好哪些接待准备呢?

 任务说明

作为一名优秀的二手车评估人员,在接待客户之前要做好充分的准备,具备良好的仪容仪表、较好的沟通能力和表达能力,给客户留下完美的第一印象,这对赢得客户的信任和尊重以及顺利签订评估委托书具有重要的影响。

 学习目标

(1) 常用接待礼仪。
(2) 二手车概念。
(3) 二手车市场的形成与发展。
(4) 能按照岗位责任和要求,文明用语、礼貌待客。
(5) 能够根据二手车概念判断车辆是否为二手车。
(6) 逐步培养学生的沟通能力,以及与客户保持良好关系的能力。
(7) 逐步培养学生大方得体、不卑不亢的服务意识。

 任务准备

请同学们准备好仪容、仪表和仪态,做好充分的心理准备以及见到客户后的语言准备,准备名片和工具夹,工具夹内存放计算器、笔、笔记本、客户信息表和评估委托书等。

任务实施

序号	内容	讲解视频	序号	内容	讲解视频
步骤1	仪容准备		步骤4	语言准备	
步骤2	仪表准备		步骤5	准备销售工具	
步骤3	仪态准备		步骤6	知识和心理准备（重点）	

 实施要点

步骤1：仪容准备

二手车评估人员良好的仪容不仅能给客户留下良好的印象，使其愿意进一步合作，而且也能够提升整个企业以及产品和服务形象。其应做到以下几个方面的仪容准备（见图1-1-1）。

1. 发型修饰

对于二手车评估人员来讲，日常的发型风格宜庄重、简约、大方，并且应避免不伦不类的造型；平时使自己的头发保持清洁卫生，不能有异味，不能出绺，不能有头皮屑。

2. 面部修饰

洁净、健康、自然是面部修饰的基本要求。一般情况下，男士面部应清爽宜人，口气清新；女士则不宜过于追求前卫、标新立异、浓妆艳抹，只需要稍作修饰，保持清新自然即可。

3. 肢体修饰

（1）手部：必须保持手部干净清爽，不得留长指甲，指甲内部也要注意不能够有污垢。

（2）颈部：在清洗面部时，不要忘了清洗脖颈、脖后等重要部位。

（3）脚部：男士要注意不能在公共场合穿短裤或挽起长裤的裤脚；女士如腿毛过重，须注意进行剃、褪或是以丝袜进行遮掩。

图 1-1-1　仪容仪表准备

步骤 2：仪表准备

在二手车鉴定评估与交易活动中，仪表服饰礼仪不仅体现着服务人员的文化修养和职业素养，更直接影响着客户对服务人员、企业形象的评价和看法。

1. 男士职业服装礼仪

西装的面料应当力求高档，首选纯羊毛以及高比例羊毛化纤混纺等面料；西装的颜色宜为单色、深色调，在日常商务活动场合，一般选用藏蓝色西装或深灰色西装，在极其庄严、肃穆的场合应选用黑色西装。

与西装搭配的衬衫应为硬领式的正装衬衫，其面料应以精纺的纯棉、纯毛制品或棉涤混纺为主，颜色必须为单色，且应与西装颜色相协调；领带最好选丝质的。穿西装时，所系的皮带与所穿的鞋、袜也应与西装相匹配。

2. 女士职业服装礼仪

女士西服包括西服套装（即西装配长裤）和西服套裙（即西装配半身裙），二者均可作为正规礼服或商务服装。

具有匀称、平整、光洁、悬垂、挺括、不起皱、不起毛、不起球的特征的面料，都可作为套装、套裙面料；根据自己的肤色选择套装、套裙的颜色。通常，各种凝重的颜色为最佳选择，且上衣和裤子或裙子的颜色应尽量保持一致。

步骤 3：仪态准备

在向客户介绍时，服务人员不仅需要通过语言和眼神与客户交流，同时为避免和客服言语可能产生的歧义，还需要合理、有效地使用仪态礼仪，以清晰、准确、完整地向顾客传达自己的想法。

1. 站姿的基本要领（见图 1-1-2）

（1）头正：双目平视，嘴唇微闭，下颚微收，面部平和自然。

（2）肩平：双肩放平，略为放松，稍向下沉。

（3）臂垂：双臂放松，自然垂于体侧，手指自然弯曲。

（4）躯挺：胸部挺起，腹部内收，腰部立直，臀部向上并向内收紧。

（5）腰脚并拢：双腿并拢直立，膝盖紧贴，双脚后跟靠紧，脚尖分开呈60°。男子双脚可分开，但不能超过肩宽。

图 1-1-2　仪态准备

2. 坐姿礼仪

二手车评估人员在洽谈生意、参加会议、伏案工作、社交活动甚至休息时，都离不开坐姿，优雅的坐姿能显示端庄、大方的个人形象。

（1）入座要领：入座时，首先走到座位前面，然后转身并轻稳地坐下，切忌沉重地落座。女士坐下前，还应轻拢裙摆，以保持裙边平整、不起皱。

（2）坐姿的基本要领。

①上身平直：头部端庄，双目平视，嘴唇微闭，双肩放平，腰部挺直。

②四肢摆好：两臂自然弯曲，双手放在腿上，双膝并拢，双腿正放或侧放。

③椅面不满：在座位就座时，宜坐满椅子的 1/2~2/3，而不宜坐满椅面。

④侧坐交谈：与邻座交谈时，可以侧坐，此时上体与腿应转向一侧。

3. 走姿礼仪

（1）上身挺直：头部端正，双目平视，下颚内收，表情平和，双肩平稳，胸挺腹收。

（2）迈步正确：脚尖朝正前方伸出，脚跟先着地，脚掌后着地，身体重心前倾不断前行。

(3) 步幅适中：跨步均匀，男士的步幅为 50 cm 左右，女士的步幅为 30 cm 左右。

(4) 摆幅恰当：双臂自然摆动，摆幅一般为 30~40 cm，摆动节奏恰当。

(5) 路线平直：男士双脚行走的路线为两条平行线，女士双脚行走的路线应尽可能为一条直线。

(6) 步态风格有别：男士步伐矫健有力，展现阳刚之美；女士步伐轻盈娴雅，展现阴柔之美。

4. 蹲姿礼仪

上身挺直，腿部弯曲，臀部下移，双膝一高一低，一脚在前、一脚在后，身体重心落于后面的腿上。

5. 表情礼仪

表情是人的面部神态，是一种无声的语言，能够传递人们内心的思想、情感和心理活动，在人们的交往和沟通中起着重要的作用。表情礼仪主要包括目光和笑容两个部分，（见图 1-1-3）。

(1) 目光：宜平视或仰视对方，以表示平等或尊重；从注视部位来说，特别是在洽谈、磋商和谈判等场合，目光注视的部位一般为对方的额头和眼睛之间的区域；目光注视对方的时间宜占与之相处时间的 30%~60%，以表示友好和重视。

(2) 笑容：要用眼神、眉毛、嘴巴和面部肌肉协调完成，且必须是发自内心的，要显得自然、大方、和谐、优雅。

图 1-1-3　表情礼仪

 案例分析

企业案例——"宝马尊选"接待礼仪管理规范

步骤4：语言准备

接待客户时，用语要清晰、完整、快速、确切地表达意思。洽谈中表述意见时，语速尽量平稳、中速进行，要对自己的话语表达加强控制、运用，不能出现音调、音量失控的情况。与客户进行电话交谈时，要认真做好记录，使用礼貌用语。

1. 掌握交谈的基本技能

谈话时要做到表情自然、语言亲切、表达得体，说话时手势要适当，动作幅度不要太大，更不要手舞足蹈，谈话时切忌唾沫四溅。

2. 营造愉悦和谐的谈话气氛

在与客户交谈时，应使用表示疑问或者商讨的语气，这样可以更好地满足客户的自尊心，从而营造出一种和谐愉悦的谈话气氛；交谈的话题和方式应尽量符合客户的特点。在说话前应考虑好话题，对谈话涉及的内容和背景、客户及被评估车辆的特点、交谈的时间和场景等因素，都应给予重视；应用简练的语言与客户交谈，应注意平稳轻柔的说话声音、适中的速度和清晰的层次。

3. 谈话时应保持谦虚、谨慎

在与客户初次见面时，评估人员的自我介绍要适度，不可锋芒毕露，这样会给客户夸夸其谈、华而不实的感觉。如果为了表示谦虚和恭敬而自我贬低，也是不可取的。

4. 学会运用幽默的语言

幽默既是一种素质，又是一种修养；既是一门艺术，又是一门学问。评估人员如果能够巧妙运用幽默的语言，会使自己的工作轻松不少。

5. 语言要注入感情

切忌用生硬、冰冷的语言来接待客户。在二手车评估交易中，不可忽视情感效应，因为僵硬的语言会挫伤客户的购买信心，而充满关心的话语往往可以留住客户。

步骤5：准备销售工具

1. 名片

名片是新朋友互相认识、自我介绍的最快而有效的方法，二手车评估人员要有自己的名片，且名片中信息要真实，不应夸大。名片应由专门的名片夹存放，最好放置在上衣胸口的袋子里，不能放在长裤的口袋里。交换名片时，评估人员要有礼貌地主动递给对方，如果自己坐着，对方走过来时，应站起来表示尊重。

立德树人

职业道德——学会倾听、理解与沟通

乔·吉拉德向一位客户销售汽车，交易过程十分顺利。当客户正要掏钱付款时，另一个销售人员跟吉拉德谈起昨天的篮球赛，吉拉德一边跟同事津津有味地说笑，一边伸手去接车款，不料客户却突然掉头就走，连车也不买了。

吉拉德苦思冥想了一天，不明白客户为什么对已经挑选好的汽车突然放弃了。夜里11点，他终于忍不住给客户打了一个电话，询问客户突然改变主意的理由。客户不高兴地在电话中告诉他："今天下午付款时，我同您谈到了我的小儿子，他刚考上学，是我们全家的骄傲，可您一点也没有听见，只顾跟您的同伴谈论篮球赛。"吉拉德明白了，这次生意失败的根本原因是因为自己没有认真倾听客户谈论自己最得意的儿子。

一个出色的销售人员或二手车评估人员应该学会观察客户、倾听客户、了解客户，理性沟通的前提就是要学会聆听客户的心声，只有认真的倾听，你才能了解客户的真正需求，并让顾客感受到应有的尊重与理解，从而更好地促成交易。

2. 工具夹

二手车评估人员要携带工具夹，夹内要存放以下几种物品：

（1）办公用品，包括计算器、笔、笔记本等。

（2）客户信息登记表和评估委托书等。

 知识应用

知识应用——用好手中的表格

小王是某二手车交易平台评估师，他从业以来业绩一直名列前茅，很多人向他请教成功的秘诀，他总是笑着说，我只是用好了大家手中的表格。原来，他不仅仅在与客户的沟通过程中详细记录客户信息，还将平时记录的信息进行分类整理，主要类别有客户行业分析、客户类别分析（性别分类、年龄段分类）和客户消费分析。通过整理得到的信息，他能更深入地了解客户需求，并能及时地为客户提供最合理的产品。

作为一名优秀的二手车评估人员,不仅要在接待前做好充分的准备,而且要在接待后做好总结,充分利用好手中的工具和资料,这样就离成功签单又近了一步。

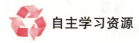 自主学习资源

跟大师学——二手车评估人员常用接待礼貌用语

步骤6:知识、技能和心理准备

1. 知识储备

(1)机动车结构和原理知识。

(2)二手车价格及营销知识。

(3)机动车驾驶技术。

(4)国家关于二手车管理的政策及法规。

2. 机动车鉴定评估师职业技能要求

机动车鉴定评估师职业技能要求见表1-1-1和表1-1-2。

表1-1-1 机动车鉴定评估师职业技能要求

职业功能	工作内容	技能要求	相关知识	配分比例
咨询服务	业务接待	1. 能按岗位责任和规范要求,文明用语、礼貌待客。 2. 能够简要介绍二手车交易方式、程序和有关规定	1. 岗位责任和规范要求。 2. 二手车交易的主要方式、程序和有关规定	1
	法规咨询	1. 能向客户解答二手车交易的法定手续。 2. 能向客户说明不同车主、不同类型二手车交易的有关法规	1. 国家对不同车主、不同类型二手车交易的规定。 2. 《汽车报废标准》《二手车交易管理办法》等	1

续表

职业功能	工作内容	技能要求	相关知识	配分比例
咨询服务	技术咨询	1. 能向客户解答机动车常用的技术参数、基本构造原理及使用性能等方面的问题。 2. 能识别机动车类别、国产车型号和进口汽车出厂日期。 3. 能根据客户提供的情况，初步鉴别二手车新旧程度	1. 机动车主要技术参数、使用性能及基本构造原理。 2. 机动车分类标准、国产车型号编制规则及进口车出厂日期的识别方法。 3. 鉴别机动车新旧程度的基本方法	2
	价格咨询	1. 掌握机动车市场价格行情。 2. 能向客户简要介绍汽车市场的供求状况。 3. 能向客户介绍汽车交易所需的基本费用	1. 机动车价格行情、供求信息的收集渠道和方法。 2. 二手车交易各项费用价格的构成因素	1
手续检查	检查车辆各项手续	1. 能按规定检查二手车交易所需的各项手续。 2. 能识别二手车交易所需票证的真伪	1. 二手车交易手续和相关知识。 2. 二手车交易所需票证识伪常识	8
车况检查	技术状况检查	1. 通过目测、耳听、试摸等手段，能判断二手车外观和主要总成的基本状况。 2. 通过路试，能判断发动机的动力性能，以及传动系统、转向系统、制动系统、电路、油路等的工作情况	1. 目测、耳听、试摸检查二手车的方法和要领。 2. 路试检查二手车的方法和要领。 3. 机动车检测技术常识	40
	技术状况检测	1. 熟悉机动车主要部件正常工作的状况。 2. 能判定二手车主要部件的技术状况		

续表

职业功能	工作内容	技能要求	相关知识	配分比例
技术鉴定	主要部件技术状况鉴定	1. 熟悉机动车主要部件正常工作的状态。 2. 能判定二手车主要部件的技术状况	1. 机动车主要部件的工作原理。 2. 检测报告数据分析方法。 3. 二手车技术状况等级鉴定方法	22
	整车技术状况鉴定	1. 能正确分析检测报告的数据。 2. 能判断二手车整车的技术状况等级		
评估定价	评估价格	1. 根据车况检测和技术鉴定结果,确定二手车的成新率。 2. 根据二手车成新率及市场行情,确定二手车价格	1. 确定二手车成新率的方法。 2. 二手车价格评估程序和方法	25
	编写报告	能编写二手车鉴定估价报告	评估报告的格式和要求	

表 1-1-2　机动车高级鉴定评估师职业技能要求

职业功能	工作内容	技能要求	相关知识	配分比例
咨询服务	业务接待	1. 能合理运用社交礼仪及社交语言。 2. 能与国外客户进行简单交流。 3. 能发现客户的需求和交易动机,营造和谐的洽谈气氛	1. 营销工作中的公关语言和礼仪。 2. 常用外语口语。 3. 客户的需求心理、交易动机等常识	1
	法规咨询	1. 能向客户解答二手车交易的法定手续。 2. 能向客户说明不同车主、不同类型二手车交易的有关法规	1. 国家对不同车主、不同类型二手车交易的规定。 2.《机动车强制报废标准》《二手车交易管理办法》等	1

续表

职业功能	工作内容	技能要求	相关知识	配分比例
咨询服务	技术咨询	1. 能向客户解答和说明汽车主要总成的工作原理。 2. 能向客户介绍汽车维护和修理常识。 3. 能为客户判断二手车常见故障。 4. 能理解国外常见车型代号的含义。 5. 能看懂进口汽车英文产品介绍、使用说明等技术资料	1. 汽车主要总成工作原理。 2. 汽车维护、修理常识。 3. 汽车常见故障。 4. 国外常见车辆型号的含义。 5. 汽车专业英语基础	2
	价格咨询	1. 能通过计算机网络查询二手车价格行情和供求信息。 2. 能分析说明二手车市场价格和供求变化趋势。 3. 能根据车辆使用情况，初步估计二手车价格	1. 计算机信息系统软件使用方法。 2. 价格学、市场学技术知识。 3. 二手车价格粗估方法	1
	投资咨询	1. 能按规定检查二手车交易所需的各项手续。 2. 能根据客户需要，提供投资建议	1. 二手车用途及购买常识。 2. 二手车投资收益分析方法	2
手续检查	检查各项手续	1. 能按规定检查二手车交易所需的各项手续。 2. 能识别二手车交易所需票证的真伪	1. 二手车交易手续和相关知识。 2. 二手车交易所票证识伪常识	5

续表

职业功能	工作内容	技能要求	相关知识	配分比例
车况检查	技术状况检查	1. 能识别事故车辆。 2. 能识别翻新、大修车辆。 3. 能发现二手车主要部件更换情况	1. 识别事故车辆、翻新车辆、大修车辆的方法。 2. 汽车维修常识。 3. 汽车基本的检测技术和方法	38
	技术状况检测	1. 熟悉汽车检测的基本项目。 2. 能掌握汽车基本检测方法。 3. 会使用汽车常用的检测仪器和设备		
技术鉴定	主要部件技术状况鉴定	熟知汽车主要部件的技术状况对整车性能的影响	1. 汽车部件损耗规律。 2. 二手车技术鉴定报告格式和内容	22
	整车技术状况鉴定	能撰写二手车技术鉴定结果报告		
评估定价	评估价格	1. 能掌握国家有关设备折旧规定和计算方法。 2. 能掌握和运用多种评估定价方法。 3. 能利用计算机鉴定估价软件进行估价	1. 设备折旧法。 2. 二手车估价软件使用方法。 3. 价格策略与常用定价法：成本定价法、需求定价法、竞争定价	25
	编写评估报告	能够运用计算机编写评估报告	计算机文字处理软件使用方法	
工作指导	指导鉴定估价工作	1. 了解汽车的发展动态。 2. 能指导二手车鉴定估价师处理工作中遇到的较复杂问题。 3. 能结合实际情况，对鉴定估价工作提出改进意见	汽车发展动态以及鉴定估价的相关知识	5

立德树人

良好的思想品德——成为一名合格的二手车鉴定评估师的关键

二手车市场或电商平台兴起，使得二手车交易开始逐渐占据主流地位，而二手车鉴定评估师作为买卖双方的中介，起着十分重要的作用。

> 二手车鉴定评估师存在的意义就是让买卖双方都对车辆情况有所了解，不能说为了某一方的利益而无中生有或者睁一只眼闭一只眼，只有这样才能够让二手车行业良性发展下去，对于广大评估师而已，才会有一个好的发展前途。
>
> 二手车鉴定评估师要具有良好的思想品德，应当热爱本职工作，遵守职业道德；应具有较高的政治素质和法治观念，从事业务要保证公正、公平、公开。二手车鉴定评估师只有具备较高的思想品德素质，才能在评估工作中自觉履行自己的职责和义务，才能全心全意为客户服务。

3. 心理素质和职业道德

1）建立信心

（1）强记车辆资料：要全面了解及熟悉二手车辆资料，以便在交易过程中充分向客户介绍，并表现得更专业、更自信。

（2）坚定成交信念：我们假定每一个交易都会成功，专业地进行评估，认真地进行讲解，使自己具有成就感而信心倍增。

（3）专家顾问形象：要成为解决客户问题的能手和与客户发展良好关系的行家，力求敏锐地把握客户的真实需求。

2）端正心态

（1）专业心态：有较好职业习惯和较强专业功底的二手车评估人员，一见到客户就会立刻进入工作状态，脸上和眼睛里都会洋溢热情的笑意，令人感到容易接近而又可依赖。

（2）衡量得失：我们通常都会遇到被人拒绝的情况，这时你不应气馁，而要用乐观的心态去衡量得失，经过及时总结就能在下次的交易过程中把握成功的机会。

（3）正确对待拒绝：在交易过程中被客户拒绝是很正常的，但我们不要被表面的拒绝所蒙蔽，拒绝并不是回绝，一般都存在回旋的余地。因此，我们不要轻易放弃，过一段时间可以再跟进，有合适的车辆再及时推荐。

3）待客态度

（1）从客户立场出发：所有的交易都是针对客户的需求，二手车评估人员应首先了解客户的目的和需求，同时明确自己的目的。

（2）客观公正：二手车评估人员过分夸张地介绍和推销会引起客户的不信任和不满，相反适当提出产品的一些不足，并加以补充说明，以自圆其说的技巧来帮助客户进行对比，可增加客户的信任感。

职业道德——公正客观更易让人接受

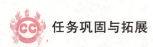 **任务巩固与拓展**

1. 任务巩固：简答题

班级：	姓名：	学号：

请同学们扫码观看网络视频"二手车的野蛮生长"。

1. 消费者为什么选择二手车？

2. 什么人买二手车？

3. 什么人卖二手车？

4. 二手车市场的乱象有哪些？

5. 与国外的二手车市场相比，我国的二手车市场存在哪些突出的问题？

2. 拓展任务

请同学们完成以下两个任务：

（1）按照坐姿的礼仪要求，用 2 min 时间做一次自我介绍。

（2）按照站姿的礼仪要求，用 3 min 时间向大家介绍一次"难忘的旅行"。

3. 拓展任务评价标准

（1）按照坐姿的礼仪要求，用 2 min 时间做一次自我介绍。

班级：		姓名：	得分：	
日期：		学号：		
序号	评分项	得分条件	分值	得分
1	仪容	（1）发型整洁，无出绺，没有头皮屑	5分	
		（2）妆容得体，清新自然	5分	
		（3）眼部清洁，目光有神	5分	
		（4）耳鼻口清洁，无异物和异味	5分	
		（5）不留长指甲，且指甲内部没有污垢	5分	
2	仪表	（1）着装整洁，且尺寸合适	10分	
		（2）服装颜色及美化搭配适宜	5分	
		（3）鞋面无灰尘和污迹，袜子无破损	5分	
3	坐姿	（1）入座平稳	5分	
		（2）坐姿优雅：上身平直、四肢摆好、椅面不满	10分	
		（3）笑容自然大方，目光柔和友善	5分	
4	语言	（1）声音洪亮、语速适中、层次清晰	5分	
		（2）说话时表情自然、手势恰当	5分	
		（3）说话时热情、谦虚、幽默	5分	
		（4）内容恰当	5分	
5	心理素质	（1）自信、乐观的心态	5分	
		（2）能客观地进行自我评价	10分	

（2）按照站姿的礼仪要求，用 3 min 时间向大家介绍一次"难忘的旅行"。

班级：		姓名：	学号：	
日期：		总分：		
序号	评分项	得分条件	分值	得分
1	仪容	（1）发型整洁，无出绺，没有头皮屑	5分	
		（2）妆容得体，清新自然	5分	
		（3）眼部清洁，目光有神	5分	

续表

序号	评分项	得分条件	分值	得分
1	仪容	（4）耳鼻口清洁，无异物和异味	5分	
		（5）不留长指甲，且指甲内部没有污垢	5分	
2	仪表	（1）着装整洁，且尺寸合适	10分	
		（2）服装颜色及美化搭配适宜	5分	
		（3）与职业相匹配	5分	
3	站姿	（1）站姿正确：头正、肩平、臂垂、躯挺、腰脚并拢	10分	
		（2）笑容自然大方	5分	
		（3）目光柔和友善	5分	
4	语言	（1）声音洪亮、语速适中、层次清晰	5分	
		（2）说话时表情自然、手势恰当	5分	
		（3）内容恰当、语言优美	5分	
		（4）表达时感情饱满	5分	
5	心理素质	（1）自信、乐观的心态	5分	
		（2）能客观准确地表达	10分	

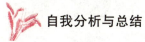 **自我分析与总结**

学生改错：

学会的内容

学生总结：

任务二　接待顾客，业务洽谈

 任务导入

评估师小蔡做好了充分的准备工作，开始迎接他的第一位顾客。他的心里既紧张，又开心，他希望第一位顾客是一位善解人意、通情达理的人，他更希望能与客户愉快地沟通洽谈，赢得客户的信任，成功地签订鉴定评估委托书，他能如愿以偿吗？

 任务说明

在接待时，客户会提出有关汽车的各种问题，评估师需要准确、完整、真实地进行回答，这就要求评估师掌握汽车和二手车的相关知识；与客户洽谈时，需要了解车辆、车主的基本情况；签订"二手车鉴定评估委托书"和制定"二手车鉴定评估方案"，预示着二手车鉴定评估工作即将开始，这两份文件也是评估师鉴定评估车辆的依据。

 学习目标

（1）车辆识别代码、汽车配件、涂料和轮胎标识代码常在位置及意义。

（2）铭牌的编排规则及指示内容。

（3）评估目的、评估时点、汽车损耗和贬值、汽车的寿命。

（4）能够规范地进行二手车鉴定评估业务洽谈并签订二手车鉴定评估委托书。

（5）能够查找车辆识别代码的位置并使用。

（6）能查找涂料、配件和轮胎代码，并解读含义。

（7）能准确、完整、真实地回答客户提出的问题。

（8）逐步培养学生规范的专业素养、细致严谨的职业精神和丰富的文化内涵。

（9）逐步培养学生的职业使命感、沟通能力和团队协作能力。

 任务准备

在接待顾客时，评估师需要提前准备的物品包括名片和客户信息登记表等。

 任务实施

序号	内容	讲解视频	序号	内容	讲解视频
步骤1		(QR)	步骤4	了解评估对象及其基本情况	(QR)
步骤2	了解客户需求	(QR)	步骤5	实地考察核实相关信息	(QR)
步骤3	了解车主情况，回答客户问题（重点）	(QR)	步骤6	签订委托书（重点）	(QR)
			步骤7	制定鉴定评估作业方案	

 实施要点

步骤1：主动热情迎接

顾客进入展厅时：

（1）第一顺位和第二顺位值班人员在展厅门口值班，观察到达的顾客。

（2）顾客进店（不限于购车客户，指所有进店客户，售后、销售及兄弟公司领导）时，主动问好，并热情迎接。

（3）询问客户的来访目的。

（4）及时递上名片，简短地进行自我介绍，并请教客户尊姓。

（5）与顾客同行人员一一打招呼。

（6）引导带领顾客来到洽谈区，为客户提供水或饮料。

案例分析

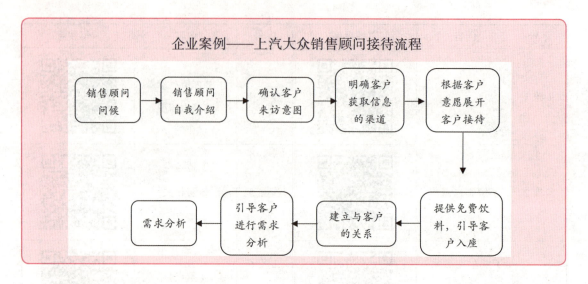

企业案例——上汽大众销售顾问接待流程

步骤2：了解客户需求

在接受车辆评估委托时，评估师一定要明确车辆的评估目的。对车辆的鉴定评估是一种市场价格的评估，对客户提出不同的委托目的，使用不同的评估方法，其评估出来的结果也会有所不同。

提示引导

重点提示——二手车概念

2005年10月1日，由商务部、公安部、工商总局联合发布的《二手车流通管理办法》正式实施。此办法总则的第二条，对二手车定义为：二手车是指办理完注册登记手续，在达到国家报废标准之前进行交易并转移所有权的汽车（包括三轮汽车、低速载货汽车）、挂车和摩托车。

请同学们根据二手车概念和工作实际，分析案例。

张女士是日照人，2015年6月在青岛4S店购买了一辆进口宝马mini，销售人员告知由于是进口车，合格证要等半个月的时间才能到店，然后通过快递邮寄给张女士。张女士觉得无所谓，就先将车辆开回日照。但是半个月过去了，合格证并没有寄到张女士手中，电话给销售人员，告知合格证邮寄过程中丢失了，4S店已经与厂家联系，厂家同意重新邮寄一个，但是由于是进口车辆，涉及关税问题，所以需要3个月才能拿到。张女士没办法，只能等。最后等到半年过去，也没有拿到合格证，车辆也就没有办理相关手续，这辆车在张女士的家里停放了半年。随后，张女士将车辆开回 4S 店，要求退车，4S 店同意退车，但只能按二手车回收，即折旧 20%，5 万元左右的折旧费。

4S 店的做法合理吗？这辆车属于二手车吗？请说明原因。

在二手车鉴定评估市场，二手车鉴定评估的主要目的可分为两大类：一类为变动二手车产权，另一类为不变动二手车产权。

 创新创业

你能创业——了解顾客的需求

顾客购买产品或服务是为了满足自己不同的需求，例如他们购买自行车，是因为他们需要交通工具；他们购买电视机，是为了获得信息和娱乐。顾客是企业生存的根本，如果你不能以合理的价格向他们提供所需要的产品或服务，他们就会到别处去购买。对你感到满意的顾客会成为你的回头客，他们会向自己的朋友和其他人宣传你的企业。让顾客满意，往往会给你带来更多的销售额和更高的利润。

1. 变动二手车产权

变动二手车产权指车辆所有权发生转移的经济行为，它包括二手车的交易、置换、转让、并购、拍卖、投资、抵债和捐赠等。

 自主学习资源

更多案例——二手车市场正在拉动中国汽车市场前行

二手车市场即将成为拉动中国汽车市场继续前行的重要力量。2020 年 3 月 31 日，国务院常务会议确定在新能源汽车购置、货车以旧换新、二手车销售三方面提振汽车消费的政策后，4 月 9 日，财政部、税务总局联合发布了《关于二手车经销有关增值税政策的公告》（简称《公告》）。

《公告》称，自 2020 年 5 月 1 日至 2023 年 12 月 31 日，从事二手车经销的纳税人销售其收购的二手车，由原按照简易办法依 3% 征收率减按 2% 征收增值税，改为减按 0.5% 征收增值税。政策的目的是通过拉动二手车交易，推动新车销售，最终对中国汽车市场的未来发展做出结构性调整。

从新车与二手车交易规模比例上看，我国二手车市场规模仍有较大增长空间。中国汽车流通协会数据显示，2019年，我国新车销量为2 577万辆，同比下降8.2%；同年，二手车累计交易量1 492万辆，同比增长7.96%，二手车与新车的交易比例为0.58∶1。2010—2019年中国汽车保有量统计及增长情况如图1-2-1所示。

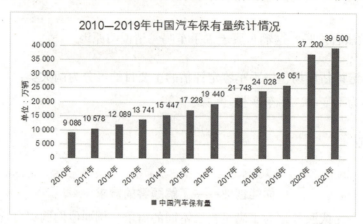

图1-2-1　2010—2019年中国汽车保有量统计及增长情况

1）交易转让

二手车在交易市场上进行买卖时，买卖双方对二手车交易价格的期望是不同的，甚至相差甚远。因此需要鉴定评估人员对被交易的二手车进行鉴定评估，评估的价格作为买卖双方成交的参考底价。

2）置换

置换业务有两种情况，一种是以旧换新业务，另一种是以旧换旧业务。两种情况都会涉及对置换车辆的鉴定评估。对二手车鉴定评估结果的水平，直接关系到置换双方的利益。车辆的置换业务尤其是以旧换新业务在我国的二手车市场是一个崭新的业务，有着广阔的市场前景。

3）拍卖

拍卖是指以公开竞价的形式，将特定物品或者财产权利转让给最高应价者的买卖方式。对于公务车、执法机关罚没车辆、抵押车辆、企业清算车辆及海关获得的抵税、放弃车辆和私家车等，都需要对车辆进行鉴定评估，为拍卖车辆活动提供拍卖底价。此外，还有与拍卖方式基本类似的招标底价。

4）其他经济行为

如在企业发生联营、兼并、出售、股份经营或破产清算时，也需要对企业所拥有的二手车进行鉴定评估，以充分保证企业的资产权益。

提示引导

重点提示——不能交易的车辆

为加强二手车流通管理,规范二手车经营行为,保障二手车交易双方的合法权益,促进二手车流通健康发展,依据国家有关法律和行政法规,制定本办法,自2005年10月1日起施行。

根据规定,下列车辆禁止经销、买卖、拍卖和经纪。

(1) 已报废或者达到国家强制报废标准的车辆。

(2) 在抵押期间或者未经海关批准交易的海关监管车辆。

(3) 在人民法院、人民检察院、行政执法部门依法查封和扣押期间的车辆。

(4) 通过盗窃、抢劫、诈骗等违法犯罪手段获得的车辆。

(5) 发动机号码、车辆识别代号或者车架号码与登记号码不相符,或者有凿改迹象的车辆。

(6) 走私、非法拼(组)装的车辆。

(7) 不具有《二手车流通管理办法》第二十二条所列证明和凭证的车辆。

(8) 在本行政辖区以外的公安机关交通管理部门注册登记的车辆。

(9) 国家法律、行政法规禁止经营的车辆。

2. 不变动二手车产权

不变动二手车产权指车辆所有权未发生转移的经济行为,它包括二手车的纳税、保险、抵押、典当、事故车损、司法鉴定(海关罚没、盗抢、财产纠纷等)。

1) 车辆保险

在对车辆进行投保时,所缴纳的保险费高低直接与车辆成本的价值大小有关。同样当被保险车辆发生保险事故时,保险公司需要对事故进行理赔。为了保障双方的利益,也需要对核保理赔的车辆进行公平的鉴定评估。除一般的车损评估外,还包括火烧车和浸水车的鉴定评估。

2) 抵押贷款

银行为了确保放贷安全,要求贷款人以机动车作为贷款抵押物。银行为了确保贷款的安全性,要对二手车进行鉴定评估,而这种贷款安全性的高低在一定程度上取决于对抵押车辆评估的准确性。一般情况下,其评估价格要比市价略低。

3）担保

担保是指车辆所有单位或所有人，以其拥有的二手车为其他单位或个人的经济行为提供担保，并承担连带责任的行为。

4）典当

当典当双方当物车辆的价值有较大的悬殊时，为了保障典当业务的正常进行，可以委托二手车鉴定评估人员对当物车辆的价值进行评估，典当行可以以此作为放款的依据。当物车辆发生绝当时，对绝当车辆的处理，同样也需要委托二手车鉴定评估人员为其提供鉴定评估服务。

5）纳税评估

纳税评估是指政府为纳税赋税，由评估人员估定的作为机动车纳税基础的价格。具体纳税价格如何视纳税政策而定。

6）司法鉴定

按性质的不同可分为刑事案件和民事案件。刑事案件一般是指盗抢车辆、走私车辆、受贿车辆等，其委托方一般是指国家司法机关和行政机关，其委托目的是取证需要。民事案件是指法院执行阶段的各种车辆，其委托方一般是人民法院，委托目的是案件执行需要进行抵债变现。

上述两种情况都要求鉴定评估人员对车辆进行评估，有助于把握事实的真相，确保司法公正，因此要求极高。

步骤3：了解车主情况，回答客户问题

了解委托者（个人或单位）是否是原车主，因为只有车主才具有车辆处置权，否则，对车辆无处置权。若原车主是自然人，了解是否有工作单位，如果有工作单位，则应进一步了解单位名称和隶属关系；如果没有工作单位，则应了解车主所在地等具体信息。

在与客户沟通时，客户经常会问到一些有关汽车和二手车的问题，评估师需要正面、准确、客观的回答。

1. 评估流程

评估流程如图1-2-2所示。

2. 评估的计价标准

我国资产评估中有四种价格计量标准，即重置成本标准、现行市价标准、收益现值标准和清算价格标准。对同一辆二手车，采用不同的价格计量标准估价，会产生不同的价格。这些价格不仅在质上不同，在量上也存在较大差异。因此，必须根据评估的目的，选择与二手车评估业务相匹配的价格计量标准。

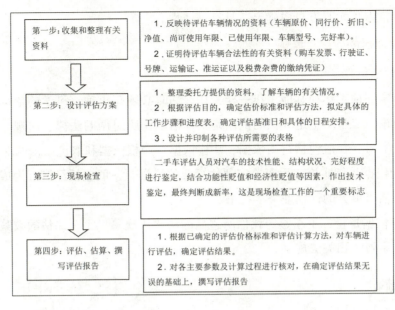

图 1-2-2 评估流程

1）重置成本标准

重置成本标准是指在现时条件下，按功能重置车辆并使其处于在用状态所消耗的成本。重置成本的构成与历史成本一样，都是反映车辆在购置、运输、注册登记等过程中所支出的全部费用，但重置成本是按现有技术条件和价格水平计算的。

2）现行市价标准

现行市价标准是指车辆在公平市场上的销售价格。所谓公平市场，是指充分竞争的市场，买卖双方没有垄断和强制，双方的交易行为都是自愿的，都有足够的时间与能力了解市场行情。

提示引导

易出错点——四种价格计量标准的联系和区别

3. 评估的基本方法

根据二手车价格估算目的的不同，二手车价格评估可分为鉴定服务估价和收购估价两种。二手车鉴定服务估价是一种第三方中介资产评估，其价格评估方法和资产评估方法一样，均是按照国家规定的重置成本法、收益现值法、现行市价法和清算价格法四种方法进行，评估价格具有约束性。二手车收购估价是二手车经营企业为了自身发展需要而开展的

业务，收购价格由买卖双方自由确定，具有灵活性。

4. 鉴定与评估的依据和原则

1）鉴定评估依据

二手车鉴定评估工作和其他工作一样，在评估时必须有正确、科学的依据，这样才能得出正确的结论。二手车鉴定评估的依据是指评估工作所遵循的法律、法规、经济行为文件及其他参考资料，一般包括行为依据、法律依据、产权依据和取价依据四部分。

（1）行为依据是指实施二手车鉴定评估行业的依据，一般包括经济行为成立的有关决议文件以及评估当事方的评估业务委托书。

（2）法律依据是指二手车鉴定评估所遵循的法律法规。二手车评估的政策性强，国家对此颁布了一系列的相关法规。

  创新创业

你能创业——二手车评估企业的法律环境

二手车鉴定评估行为必须符合国家法律、法规，必须遵循国家对机动车户籍管理、报废标准、税费征收等政策要求，这是开展二手车鉴定评估的前提。相关的法律、法规包括《国有资产评估管理办法》《国有资产评估管理实施细则》《汽车报废标准》《中华人民共和国机动车登记规定》《关于规范二手车鉴定评估工作的通知》《汽车报废管理办法》《汽车产业发展政策》《二手车流通管理办法》《机动车运行安全技术条件》和其他方法的政策法规等。

（3）产权依据是指表明机动车权属证明的文件，其主要包括《机动车登记证书》《机动车行驶证》《出租车营运证》《线路营运证》等。

（4）取价依据是指实施二手车鉴定评估的机构或工作人员，在评估过程中直接或间接取得或使用对二手车鉴定评估有借鉴或佐证作用的资料，主要包括价格资料和技术资料。价格资料包括新旧车辆整车销售价格、易损零部件价格、车辆精品装备价格、维修工时定额和维修价格资料；国家税费征收标准、车辆价格指数变化、各品牌车型残值率等资料。技术资料包括机动车的技术参数，新产品、新技术、新结构的变化；车辆故障的表面现象与差别；车辆维修工艺及国家有关技术标准等资料。

2）鉴定评估的原则

二手车鉴定评估的基本原则是对二手车鉴定评估行为的规范，正确理解和把握二手车鉴定评估的原则，对于选择科学、合理的二手车评估方法及提高评估效率和质量具有十分重要的意义。二手车鉴定评估的原则分为工作原则和经济原则。

（1）工作原则。二手车鉴定评估的工作原则是评估机构与评估工作人员在评估过程中应遵循的基本原则。

①合法性原则。二手车鉴定评估行为必须符合国家法律、法规，必须遵循国家对机动车户籍管理、报废标准、税费征收等政策要求，这是开展二手车鉴定评估的前提。

②独立性原则。一是要求二手车鉴定评估机构和工作人员应该依据国家的法规和规章制度及可靠的资料数据，对被评估的二手车价格独立地做出评估结论，且不受外界干扰和委托者的意图影响，保持独立、公正；二是评估行为对于委托当事人应具有非厉害和非利益关系。评估机构必须是独立的评估中介机构，评估人员必须与评估对象的利益涉及者没有任何利益关系。

③客观性原则。要求鉴定或评估结果应以充分的事实为依据，在鉴定评估过程中的预测推理和逻辑判断等只能建立在市场和现实的基础资料以及现实的技术状态上。

④科学性原则。二手车鉴定评估机构和人员运用科学的方法、程序、技术标准和工作方案开展活动，即根据评估的基准日、特定目的选择适用的方法和标准，遵循规定的程序实施操作。

⑤公平性原则。公平、公正、公开是二手车鉴定评估机构和工作人员应遵守的一项最基本的道德规范，要求鉴定评估人员的思想作风、态度应当公正无私，评估结果应该公道、合理，而绝不能偏向任何一方。

⑥规范化原则。要求鉴定评估机构建立完整、完善的管理制度，以及严谨的鉴定作业流程。管理上要建立回避制度、复审制度、监督制度，作业流程制度要科学、严谨。

⑦专业化原则。要求二手车鉴定评估工作尽量由专业的鉴定评估机构来承担，同时还要求二手车鉴定评估行业内部存在专业技术竞争，以便为委托方提供广阔的选择余地，并要求鉴定评估人员接受国家专门的职业培训，在职业技能鉴定合格后由国家统一颁发职业证书，持证上岗。

⑧评估时点原则。评估时点，又称评估基准日、评估日期、评估时日，是一个具体日期，通常用年、月、日表示，评估额是在该日期的价格。二手车市场是不断变化的，二手车价格具有很强的时间性，它是某一时点的价格。在不同时点，同一辆二手车往往会有不同的价格。

（2）经济原则。经济原则是指二手车在鉴定评估过程中，进行具体技术处理的原则。它是二手车鉴定评估原则的具体体现，是在总结二手车鉴定评估经验及市场能够接受的评估准则的基础上形成的。

①预期收益原则。二手车预期收益原则是指在对营运性车辆进行评估时，车辆的价值可以不按照其过去形成的成本或收购价格决定，但必须充分考虑它在未来可能为投资者带来的经济效益。未来效用越大，评估值越高。

②替代原则。二手车鉴定评估的替代原则是指在评估中，面对几个相同或相似车辆的不同价格时，应取较低者为评估值，或者说评估值不应高于替代物的价格。这一原则要求

评估人员从购买者角度进行二手车鉴定评估，因为评估值应是车辆潜在购买者愿意支付的价格。

③最佳效用原则。二手车最佳效用原则是指若一辆二手车同时具有多种用途，则当在公开市场条件下进行评估时，应按照其最佳用途评估车辆价值。

提示引导

重点提示——评估时点原则

评估时点原则是要说明评估实际上只是求取某一时点上的价格，所以在评估一辆二手车的价格时，必须假定市场情况停止于评估时点上，同时评估对象即二手车的状况通常也是以其在该时点时的状况为准。"评估时点"并非总是与"评估作业日期"（进行评估的日期）相一致的。一般评估人员将进行实车勘察的日期定为评估时点，或因特殊需要将其他日期制定为评估时点。确立评估时点原则的意义在于评估时点是责任交代和评估二手车时值的界限。

4. 国外二手车市场

二手车交易市场的繁荣程度是一个国家汽车流通领域是否发达成熟的重要标志。发达国家二手车市场交易量大，已形成规模效应。德、日、美等国家二手车交易量均远远超过新车的交易量，一般均比新车高出1倍以上。据不完全统计，日本二手车销量已连续多年超过新车的销量，德国和美国二手车销量已是新车销量的2倍和3.5倍，见表1-2-1。有关资料表明，西方成熟的汽车市场上，汽车报废周期平均为8~12年，而汽车更新周期平均为4年，可见二手车市场有相当大的空间。

表 1-2-1　二手车与新车交易量之比

国家	美国	德国	瑞士	日本	中国
二手车与新车交易量之比	4	2.3	2	1.5	0.25

 自主学习资源

更多案例——国外二手车市场

发达国家二手车市场特点如下：

（1）体制机构健全，促进市场健康发展。在发达国家的二手车市场，一般均形成了一套比较完善的收购和销售体制，健全了二手车拍卖批发机构。各国政府纷纷制定了有关二手车贸易的相关法规，以保护消费者的权益，而各种评估机构公正、高效的运作，使发达国家二手车市场价格趋于长期稳定状态，消费者不必担心车辆价值不稳而带来的损失。

（2）信息透明。发达国家二手车市场信息较为透明，从车辆自身状况到各种交易信息都非常容易获得，大大降低了二手车市场的交易成本。此外，二手车一般配有规范化的售后服务标准。通过技术质量认证，商家对出售的二手车质量予以保证，消费者可以享受到与新车相同的售后待遇。

 自主学习资源

更多案例——发达国家二手车市场信息非常透明

（3）评估体系、体制机构健全，行业自律，自我管理。各式各样的评估协会、二手车协会在促进二手车行业健康发展中起到了举足轻重的作用。二手车评估系统由二手车协会制定，任何二手车的估价都由这套系统来确定。二手车首先经技术检测部门进行测定，技术人员列出测试清单，然后对车辆进行估价，销售商根据这一估价和车辆的原销售价格，最终确定二手车的实际售价。在发达国家的二手车市场，一般均形成了一套比较完善的收购和销售体制，健全了二手车拍卖批发机构。各国政府纷纷制定了有关二手车贸易的有关法规，以保护消费者的权益。此外，国外的二手车行业组织发挥了主要的作用。政府基本不干预二手车交易，行业协会负责加强行业管理和行业自律，制定了行业标准。美国有汽车经销商协会、德国有汽车经销商协会等，这些协会在汽车流通行业管理中有着很高的权威性。

（4）旧车享受售后服务。在国外，旧机动车实行规范化的售后服务标准。各国通过制定法规和行业协会管理以及由品牌汽车企业来确定经营者的资质资格，通过技术质量认证，保证售出二手车的质量，规范其交易行为。同时通过统一的服务标准，使购买二手车的消费者在一定时期内，享受与新车销售相同的售后待遇。例如，通用公司规定车龄7年以内的二手车有1至2年的全美质量保证，与新车无异。而且，所有销售店出售的二手车都必须持有政府颁发的技术合格证书才能上路行驶。这些做法是美国二手车市场兴旺的重要原因。

（5）价格较低，平衡市场供求量。在发达国家已成为"汽车社会"的今天，部分中产阶级以及以上的消费者买车以新车为主，他们注重的是车辆的可靠性而非价格，一般至多至多用上4至5年，在车辆的可靠性开始下降、意外故障逐渐增多时，他们就要换车了；而多数中产阶级以下的消费者则以买二手车为主，主要是出于成本较低的原因。二手车的价格一般只有新车的一半左右，而且这类车再使用2至4年性能仍然可靠，使用后的价值损失也远比购新车小得多。这样的二手车用过后可能再次卖掉，这时车价只有新车的20%至

30%，主要流向收入低或没有收入的学生手中。另外还有一些较旧的车价格更低，仅有新车价的5%至10%，购买这种二手车，虽然要花费一定的维修费用，但总体上使用成本最低，很划算。因此，在发达国家，二手车的总供应量略大于总需求量，价格相对较低，以平衡市场供求量。

（6）经营方式灵活。国外二手车市场活跃，与二手车经营主体的多元化、交易方式的多样化、交易手续的简便以及汽车保有量较大有关。二手车的经营在国外已经形成了品牌专卖、大型超市、连锁经营、旧车专营、旧车拍卖等多元化经营体制，其交易方式多样化，例如直接销售、代销、租赁（实物和融资）、拍卖、置换等。英国拥有超过1 500家从事二手车销售和服务的汽车修理厂，消费者可选择的二手车品牌有百余种。

6. 我国二手车市场发展状况

1）我国二手车市场的主要特点

（1）增长快速。1998年，国内贸易部门发布了《旧机动车交易管理办法》，我国二手车市场在之后的短短五年时间里交易量就翻了一番，二手车市场上汽车的交易增长类型也发生了变化。最早是捷达、桑塔纳、富康，戏称"老三样"，如今像SUV、跑车等也开始多了起来。

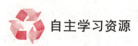 自主学习资源

二手车市场——中国二手车市场交易情况

近年来，我国二手车累计交易量总体呈逐年增长态势，2019年累计交易量为1 492.28万辆，累计交易金额为9 356.86亿元。我国二手车交易车型主要为基本型乘用车，2019年基本型乘用车二手车交易量为822.20万辆。2019年我国二手车交易量较大的省份主要为广东、浙江、山东、四川等地，其中广东省二手车交易量为187.54万辆。我国二手车交易价格主要集中在5万元以下，其中3万元以下比重达29.5%。

2015—2019年我国二手车累计交易量总体呈逐年增长态势，年均复合增速达12%。2019年我国二手车累计交易量为1 492.28万辆，同比增长7.96%，增速有所回落，如图1-2-3所示。

图1-2-3　2015—2019年中国二手车累计交易量

2015—2019年我国二手车累计交易金额总体呈逐年增长态势，年均复合增速达14%。2019年我国二手车累计交易金额为9 356.86亿元，同比增长8.76%，如图1-2-4所示。

图1-2-4　2015—2019年中国二手车累计交易金额

（2）经营模式多元化。我国二手车市场的经营模式正由传统的单一模式经营，转向多元化经营模式争抢市场的局面，一部分有实力的新车供应商开始组织经销商开展二手车业务。由厂家认证的品牌二手车给消费者带来了更高层次的二手车服务理念，并带来了信心。二手车拍卖突破了市场的不信任障碍，也是一种蓬勃发展的新形势。随着电子商务的发展，二手车网上销售模式也开始流行。我国的二手车市场出现了传统二手车市场、品牌二手车经销、电子商务、二手车拍卖等多种形式共存的经营场面，新车市场与二手车市场的联动效应更加明显，两个市场的互动性进一步增强。

（3）二手车置换大规模兴起，品牌认证成未来趋势。近年来，我国二手车置换业务的广泛开展为新、旧汽车市场带来了生机与活力,在促进新车销售的同时也为二手车市场的扩充提供了丰富的经营资源,创造了可信赖的品牌二手车经营店。品牌二手车借助厂家的资金实力和经销商多年积累的销售渠道快速成长起来,国内主要汽车厂商相继进入二手车领域,并陆续开展业务。

创新创业

你能创业——了解你的竞争对手

随着二手车交易量的不断增加,二手车企业的经营模式也在发生着很大的变化。品牌认证二手车从经营之初就为消费者提供放心买、安心卖、省心换的优质服务,可以说,认证二手车真正做到了杜绝事故车的承诺,并享有和新车一样的质保服务。

2004年8月,全国13个城市的16家经销商成为首批开业的一汽大众认证的二手车样板店。2004年9月,一汽大众在北京、上海和广州正式启动奥迪"3A二手车"业务。2004年8月,上海大众在全国30个城市的50个经销商开始进行"特选二手车"业务。2005年4月,广州本田开始在北京、上海、广州等中心城市尝试启动广州本田喜悦二手车、东风标致诚狮二手车、东风雪铁龙龙信二手车、上海大众特选二手车、东风日产认证二手车、东风悦达起亚至诚二手车、奔驰星睿二手车、宝马尊选二手车和奥迪品荐二手车等业务。

由于品牌的影响力以及品牌对应的服务可以吸引客户,因而品牌认证的二手车竞争力远大于非认证的二手车。由于二手车对于消费者而言的各项信誉本就低于新车,消费者购买的不仅是该品牌的产品,同时也购买了该企业提供的品牌服务,所以如果消费者有意向购买二手车,当然还是希望该品牌的汽车生产厂商能够提供对应品牌的服务。

2)国内二手车市场主要存在的问题

虽然我国二手车市场相比以前有了长远的发展,但相比发达国家的二手车市场,我国的二手车市场无论在经营理念、经营方式还是经营管理上都与它们存在着一定的差距,具体体现在以下几点。

(1)评估检测体系不健全。目前我国如何评估一台二手车还没有统一的强制评价标准,这样很难保证购买者的利益。在二手车市场交易中,经常存在评估随意、定价不合理的问题。有的车行为了争抢二手车生意,故意压低价格,损害了车主的利益。我国当前二手车评估体系的不健全制约了二手车市场的发展。

创新创业

你能创业——二手车评估企业的社会责任

随着国内二手车交易规模的扩大,二手车经营企业的数量也在不断增加,行业持续向好的同时,二手车市场整体交易秩序不容乐观。二手车经营企业营销观念缺失,单纯以营利为目的组织开展各项工作,在缺乏外力制约的情况下,市场环境变得越来越恶劣,无视自身社会责任。

二手车经营企业首先应意识到自身所承担的社会责任,将自身的发展目标界定为如何积极推进社会进步、怎样设法协同其他社会成员共同承担作为经济行为主体应当承担的义务。只有各个企业自身遵纪守法,确立和恪守行业行为规范,共同营造良好的经营环境,才可能因此减少因行为适当而需要承担的损失。

(2) 缺乏诚信和公正的评估体系。对于目前二手车市场而言,首先面临的问题就是信息不对称,消费者是信息的弱势群体,造成了买方对卖方的不信任。同时,传统二手车市场的一些商家在服务理念、服务态度和服务水平上都较差,基本上还处于初级阶段。

(3) 售后服务环节薄弱。消费者在传统的二手车市场购车,基本没有任何售后保障,这也成为很多消费者对二手车颇有顾忌的重要原因,出现问题后消费者往往会付出很多时间,成本也无法得到解决,甚至会出现无人可找的状况。一些增值服务更是在二手车市场里无迹可寻。

(4) 交易的税收标准不统一。我国二手车交易市场目前暂时还没有统一的税收标准。各地一般按照当地有关政策对二手车交易进行征税,标准和数值都不统一,有按增值税征收的,有按营业税征收的,高的达到17%,最低的为2%,税收高低相差悬殊。一些地区二手车的经营成本高、利润微薄,造成了一些车进行场外交易、私下交易,甚至非法交易,采用交易不过户的办法来逃税,扰乱了二手车市场的秩序。

(5) 市场网络不完善。各地旧机动车交易市场在准入、交易方式、交易功能和交易程序等方面存在的差异,导致了各地交易市场的业务主要是面向本地区,缺乏跨地区旧机动车流通的市场网络,出现信息不畅、运输成本高等问题,以及因各地对旧机动车档案移送、落户的要求不同,致使旧机动车的异地流通,形成规范稳定的旧机动车交易氛围。

3) 国内二手车的发展前景

(1) 保证二手车品质。对于品牌二手车而言,为了确保高品质,二手车必须通过严格的技术检测,以符合安全、外观及性能方面的标准,对维修和整备技师进行专业培训,对二手车辆不同程度和类型的缺陷与损伤采用不同的技术手段进行修复,充分消除原用户的使用痕迹甚至包括前车主给车辆带来的异味等。通过由内而外的整备,确保交付新用户的二手车辆处于最佳状态。

（2）提高二手车增值服务。作为二手车，向用户提供必要的服务，满足用户在购买和使用中的各种需求，是未来二手车发展的核心要素。经销商为用户提供二手车销售、信贷和保险的咨询，以及代办各种车辆变更手续等是最基本的服务。更重要的是，全国质量联保索赔、替换车服务、两日退换车以及24小时道路救援等高端服务也出现在了一些高档二手车的增值服务中。

（3）二手车诚信交易平台。二手车交易应该有一个透明的交易管理系统和完善的售后跟踪体系。全国联网的车辆保养维修信息系统将是未来二手车市场的一个必要系统，以便对车辆的历史维修、保养记录、车辆历史出险情况、车辆里程表的真实性等方面进行核查。客户在整个交易过程中可以参与车辆的检测，能够实时了解包括车辆信息、交易进度、手续处理等流程在内的相关信息，诚信规范的交易平台能将可能的用户抱怨消灭在销售阶段。此外，二手车经销商还可以利用售后跟踪体系对购车用户进行使用状况的访问、记录和分析，及时搜集用户反馈信息，为以后相关业务的改进提供参考。

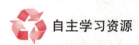

二手车发展新趋势——二手车电商平台

7. 汽车的使用寿命和价值

汽车在使用了一段时间后，会不同程度地变得陈旧，与大部分商品一样，会发生各种贬值，也就是说，汽车属于易耗品，只要交了车款，从拿到车钥匙的那一刻起，汽车就步入了旧车的行列，在经济学中称为"沉没成本"。由于使用过程中发生的各种损耗以及购车的沉没成本，旧车的交易价格一般会明显小于原先的购车价，两个价格的差值在一定程度上反映了车辆的贬值情况。

1）汽车的有形损耗及贬值

（1）汽车的有形损耗。

汽车的有形损耗是指其本身实物形态上的损耗，又称物质损耗。它是汽车在存放和使用过程中，由于物理和化学原因而导致车辆实体发生的价值损耗，也即自然力的作用而发生的损耗。

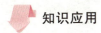 知识应用

深度理解——车辆有形损耗的两种情况

第一种情况，汽车在使用过程中，由于零部件发生摩擦、冲击、振动、腐蚀、疲劳和日照老化等现象而产生的损耗。这种有形损耗通常变现为汽车零部件的原始尺寸和间隙发生改变，公差配合性质和精度降低，零部件变形、产生裂纹，以致断裂损坏等。

第二种情况，汽车在存放闲置过程中，由于自然力的作用，而使汽车受到腐蚀和老化，或由于管理不善和缺乏必要的养护而使其自然丧失精度和工作能力。这种损耗与闲置时间和保管条件有关。如起动蓄电池在长期闲置中没有定期进行维护，会使其丧失工作能力而报废。发动机在长期的闲置中，首先应该进行封存，或至少每年要进行维修、保养和发动一次，否则就有可能因缸内锈蚀而影响其使用寿命。

汽车存在着的上述两种损耗形式不是以单一形式表现出来，而是共同作用。其损耗的技术后果是汽车的使用性能变差、价值降低，到一定程度上可使汽车完全丧失使用价值。在经济上，显然会导致汽车使用费用不断上升，经济效益则会逐步下降。在有形损耗严重时，若不采取措施，则会引起行车事故，从而带来极大的经济损失，甚至危及生命。

（2）实体性贬值。

实体性贬值是指因车辆的有形损耗引起的车辆贬值。车辆的有形损耗无法避免，因此车辆的实体性贬值会随着车辆的使用时间越长而不断积累。车辆经过修理后，有形损耗予以消除，但是因有形损耗而产生的实体性贬值则是不会消失的。

 提示引导

关键知识——如何确定车辆的有形损耗

在评估工作中，我们根据评估师主观的估算或是行业的习惯来确定车辆的有形损耗，常用的方法称为观察法。观察法是评估师通过观察，凭借视觉、听觉、触觉，或借助少量的检测工具，对车辆进行检查，根据经验对鉴定对象的状态、损耗程度做出判断，综合分析车辆的设计、使用、磨损、修理、改装情况和剩余使用寿命等因素，判断被评估对象的有形损耗率，从而估算车辆的实体性贬值。在不具备测试条件的情况下，这是最常使用的方法，也被称为成新率法，即确定车辆有几成新。

2）汽车无形损耗及贬值

（1）汽车的无形损耗。

很多车主在购买了汽车之后，不管爱车被呵护得多好，即使技术状况毫无问题，在准备出手时都会发现收购价与当初购车时的价钱相差甚远，它们之间的差值有一部分即是车辆的无形损耗。无形损耗是指由于科学技术的进步和发展、市场供需关系的变化、国家政策调整等因素，从而导致车辆的损耗与贬值。

 知识应用

深度理解——车辆无形损耗两种情况

第一种情况，因技术不断进步引发劳动生产率的提高，现在再生产制造与原性能和结构相同的车辆，其社会必要劳动时间减少，致使重新生产制造结构相同车辆的成本降低，造成现有车辆的价值损耗而贬值。这种无形损耗并不影响汽车本身的技术特性和功能，汽车可以继续使用，一般也不需要更新，但是，若汽车的贬值速度比维修汽车的费用提高的速度还要快，修理费用高于贬值后的车辆价值，这时就应考虑更新了。

第二种情况，因科学技术的进步，不断出现性能更完善、运输效率更高的车辆而使原有车辆在技术上显得陈旧和落后，而产生损耗和贬值。这时，如果继续使用原有车辆，就会降低经济效益，这种经济效益的降低反映在原有车辆使用价值的局部或全部丧失，这就产生了用新的车辆来取代原有旧的车辆的必要性。不过这种更新的经济合理性取决于原有车辆的贬值及经济效益下降的幅度。例如，电控燃油喷射系统的成功使用，使汽车的燃油经济性和排放污染都有明显的改善，使原有化油器汽车产生贬值，并逐渐淘汰退出市场。

（2）贬值类型。

根据导致车辆贬值的因素不同，我们将其分为车辆功能性贬值、经济性贬值和营运性贬值。

①车辆的功能性贬值。由于科学技术的发展导致的车辆贬值。由于科学技术日新月异，车辆的改朝换代很快，大部分车辆都存在这种贬值。同型号全新车辆的价格越低，就表示旧车的功能性贬值越大。

②经济性贬值。除了由于生产技术的发展和生产力水平提高外，外部经济环境的变化会引起车辆贬值。所谓的外部经济环境，主要包括国家宏观经济政策、通货膨胀、市场需求变化和不断增强的环境保护要求等。

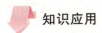 **知识应用**

解决问题——车辆估价

如果在现时市场上能够买到与被评估车辆相同，且制造厂家继续生产的全新车辆，则该车辆的功能性贬值即被评估车辆原购车价与全新车辆的市场价之间的差值，这也是常用的确定车辆功能性贬值的方法。如果被评估车辆已停产或已淘汰，找不到该车型新车的市场价，则只好采用类比法来计算。类比法是指被评估车辆与参照物的类型、主要性能参数、结构特征相同，只是生产序号不同，并做局部改动的车辆。但是替代型号的车辆通常比原车型有所改进和增加，故其价值通常会比原车型价值更高。因此，在类比时，需要根据参照车辆的提高情况及功能变化情况测算全新的原车辆在目前市场上的价格。

例如：一辆2018年1月购买的别克车，账面原值为17.98万元，2019年1月在市场上的报价为16万元，按照第一年折旧20%的行业规则，车主用了一年之后车辆的评估价应该是多少？该车在一年中贬值了多少钱？功能性贬值和经济性贬值之和为多少？

 **自主学习资源**

汽车贬值的重要组成部分——经济性贬值

外界因素对车辆价值的影响不仅是客观存在的，而且对车辆价值影响还相当大。

例如油价的上涨令车主们对大排量的汽车望而生畏，大量的"油老虎"流入了二手车交易市场，一些车型的折旧率飙升。

在2015年9月29日，国务院总理李克强所主持召开的国务院常务会议上，决定推出新一批简政放权、放管结合改革举措，其中与汽车领域关系最为密切的就是会议所达成的一项共识，即促进新能源和小排量汽车发展。具体施行的政策则为"从2015年10月1日到2016年12月31日，对购买1.6升及以下排量乘用车实施减半征收车辆购置税"的优惠政策。该项政策极大地刺激了新车市场上小排量汽车的销量，同时二手车市场上的小排量汽车销量受较大影响，价格降低。

③车辆的营运性贬值。由于设计水平和制造技术的提高，市场上出现了性能更优的同类车型，它们的燃油消耗、故障率还有配件价格等更低，致使原有车型的功能相对新车型已经落后，相比而言，旧车的营运成本更高，增加的营运成本即为车辆的营运性贬值。在评估营运车辆时，不能忽略车辆的营运性贬值。

案例分析

社会案例——车辆被碰撞后的贬值

3) 汽车的使用寿命

汽车使用寿命是指汽车开始投入使用到被淘汰、报废的整个事件过程所经历的时间。汽车被淘汰、报废受车辆有形损耗和无形损耗的影响。汽车的使用寿命一般可以分为自然使用寿命、技术使用寿命、经济使用寿命和合理使用寿命。

(1) 汽车的自然使用寿命。

汽车自然使用寿命是指在正常使用条件下，从汽车开始使用，到因物理和化学的原因而损耗报废的时间。所谓正常使用是指按汽车制造厂的使用手册或使用说明书所规定的技术规范来使用，如轮胎气压正常、轮胎换位、发动机水温和油温正常，按规定的时间或行驶里程数保养、清洗空气滤清器，不超载等。

提示引导

安全警示——影响车辆寿命的因素

自然寿命通常受有形损耗的影响，这种有形损耗具有一定的规律性，大致可分为三个阶段。

第一阶段为初期磨损阶段。在这个阶段，汽车的行驶速度不能太高，最好不要满载运行。因为汽车零部件在加工装配过程中，其相对运动的表面不可避免地具有一定的粗糙度，当相互配合做相对运动时，表面上的凸峰由于摩擦很快被磨平，配合间隙适中。汽车磨合期的长短，各汽车公司都有严格的规定，一般欧美国家的汽车约为7 000 km，日本汽车约为5 000 km，也有的汽车为3 000 km，甚至有的车型，如天津一汽生产的雅酷自动挡1.3 L排量的汽车，则为1 500 km。使用中，按汽车厂家的规定，跑到磨合期的里程数后必须按时去进行首次保养，更换机油、清洗空气滤清器并调整间隙等，使汽车处于最佳状态。

第二阶段为正常磨损阶段。在这个阶段汽车零部件表面上的高低不平已被磨去，磨损速度较第一阶段缓慢，磨损情况较稳定，磨损量基本随行驶路程的增加而均匀、正常地增加，持续时间较长，此阶段车主应严格按照汽车制造厂家在使用手册中规定的技术要求使用汽车，也就是通常所说的正常使用，以尽可能延长其正常磨损阶段。

第三阶段为急剧磨损阶段。这一阶段由于破坏了正常磨损关系，从而使磨损加剧，磨损量急剧上升。此时，汽车各零部件的精度、技术性能和效率明显下降，使用费用急剧增加，油耗、排放超常提高，显示出汽车已达到它的使用寿命而仍继续使用。

从上述磨损规律可知，如果汽车在使用中加强维护保养，合理使用，则可延长其正常使用阶段的期限，从而提高经济效率，减少使用费用的支出。此外，对汽车要定期进行检查，发现问题及时解决，"小病不理，大病不苦"，在进入急剧磨损阶段之前就进行维修，以免产生不可逆转的破坏性损耗。

（2）汽车的技术使用寿命。

技术使用寿命是指汽车从投入使用到因技术落后而被淘汰所经历的时间。汽车的技术使用寿命主要受无形损耗的影响。由于各地车辆尾气的排放标准不尽相同，故同一辆车的技术使用寿命在不同的地区是不一样的，如某车辆在北京市已经达到技术使用寿命，而在其他环保要求比较低的地方则还没有达到规定的技术使用寿命。

（3）汽车的经济使用寿命。

经济使用寿命是指汽车从投入使用到因继续使用而不经济、成本较高而退出使用所经历的时间。经济使用寿命受到有形损耗和无形损耗的共同影响。汽车到了自然使用寿命期，应是汽车经济效益最佳的时期，汽车是否能够继续使用或需及时更新应以经济使用寿命为依据。简单地讲，由于汽车运营成本提高，故可通过全面地使用成本核算和经济分析，确认车辆的总使用成本是否已足够接近其营运毛收入，而不能为车主带来最低程度的经济效益。需要注意的是，车辆达到经济使用寿命只是表明车辆不再具有合理的盈利能力，但并不是说继续使用会亏本。

知识应用

深度理解——汽车经济使用寿命

有关资料表明，在一辆汽车的整个使用期内，汽车的制造费用平均约占其整个使用费用的15%，而汽车的使用、维修费用则占总费用的85%左右。业内人士认为，若购买一辆10万元的汽车，将该车使用到报废，则还需要花费约20万元的费用。所以，现代汽车经济使用寿命的长短，很重要的一点是在汽车设计制造时，就应充分考虑到今后可能达到的使用、维修费用。如果汽车能在整个使用期内保持使用费用、维修费用较低，则其经济使用寿命就较长，否则就要缩短。许多国家的汽车使用期限完全按经济规律确定，见表1-2-2。

表1-2-2　部分国家平均汽车经济使用寿命

国别	美国	日本	德国	法国	英国	意大利	中国
平均经济使用寿命/年	10.3	7.5	11.3	12.1	10.6	11.2	10

(4) 汽车合理使用寿命。

汽车合理使用寿命是以汽车经济使用寿命为基础，考虑整个国民经济的发展和能源节约等因素，制定符合当地实际情况的使用期限。也就是说汽车已经达到了经济寿命，但是否要更新，还要视当地实际情况来定，如是否筹措到更新资金、有无理想的汽车等因素。国家《汽车报废标准》规定多种非营运车辆在到达报废年限后，还可延缓报废，在定期检验合格的情况下允许延长车辆使用年限的原因之一即是出于机动车合理使用寿命的考虑。

安全警示——延长汽车的使用寿命

8. 汽车报废

1）汽车报废标准

新的汽车报废标准名为《机动车强制报废标准规定》，于 2013 年 5 月 1 日起实施。

自主学习资源

法律法规——《机动车强制报废标准规定》

国家《机动车强制报废标准规定》从累计行驶里程数和（或）使用年限两个方面，对各类汽车的报废年限（里程）做了具体规定，见表 1-2-3。

表 1-2-3　机动车使用年限及行驶里程参考值汇总

车辆类型及用途				使用年限/年	行驶里程/万 km
汽车	载客	运营	出租客运 小、微型	8	60
			出租客运 中型	10	50
			出租客运 大型	12	60
			租赁	15	60
			教练 小型	10	50
			教练 中型	12	50
			教练 大型	15	60
			公交客运	13	40
			其他 小、微型	10	60
			其他 中型	15	50
			其他 大型	15	80
			专用校车	15	40

续表

车辆类型及用途			使用年限/年	行驶里程/万 km
汽车	载客	非营运	小、微型客车，大型轿车*	无	60
			中型客车	20	50
			大型客车	20	80
	载货	微型		12	50
		中、轻型		15	60
		重型		15	70
		危险品运输		10	40
	三轮汽车、装用单缸发动机的低速汽车			9	无
	装用多缸发动机的低速汽车			12	30
	专业作业	有载货功能		15	50
		无载货功能		30	50
挂车	半挂车	集装箱		20	无
		危险品运输		10	无
		其他		15	无
	全挂车			10	无
摩托车	正三轮			12	10
	其他			13	12
轮式专用机械车				无	50

注：1. 表中机动车主要依据《机动车类型属于和定义》（GA802—2008）进行分类；标注*的车辆为乘用车。

2. 对小、微型出租客运汽车（纯电动汽车除外）和摩托车，省、自治区、直辖市人民政府有关部门可结合本地实际情况，制动严于表中使用年限的规定，但小、微型出租客运汽车不得低于 6 年，正三轮摩托车不得低于 10 年，其他摩托车不得低于 11 年。

2）引导报废

汽车达到报废标准后需要继续使用的，除特别规定的外，经专业技术检验合格，并获得公安机关车辆管理所批准，可延长使用年限。但在二手车鉴定评估中，车辆达到报废标准后产权不能转移，但车辆可以延长使用。延长汽车的使用年限以技术检验为基础，对于各类汽车的定期检验次数和允许的延长年限，《机动车强制报废标准》及其相关文件都有具体规定。

3）报废汽车处理

国家实施汽车强制报废制度，依照《报废汽车回收管理办法》和《汽车贸易政策》的规定，报废汽车是一种特殊商品，报废汽车所有人应当将报废汽车及时交售给具有合法资格的报废汽车回收拆解企业，任何单位或者个人不得将报废汽车出售、赠予或者以其他方式转让给非报废机动车回收企业的单位或者个人。国家鼓励老旧汽车报废更新，并制定了老旧汽车报废更新补贴资金管理办法，符合有关规定的报废汽车所有人可申请相应的资金补贴。

报废机动车回收企业凭公安机关交通管理部门出具的"机动车报废证明"收购报废汽车，并向报废汽车拥有单位或者个人出具"报废汽车回收证明"。依据《机动车修理业、报废机动车回收业治安管理办法》，报废机动车回收企业回收报废机动车应如实登记下列项目：报废机动车车主名称或姓名、送车人姓名、居民身份证号码，按照"机动车报废证明"登记报废车车牌号码、车型代码、发动机号码、车架号、车身颜色及收车人姓名等。报废机动车拥有单位或者个人凭"报废汽车回收证明"，向汽车注册登记地的公安机关办理注销登记。

机动车报废流程如图1-2-5所示。

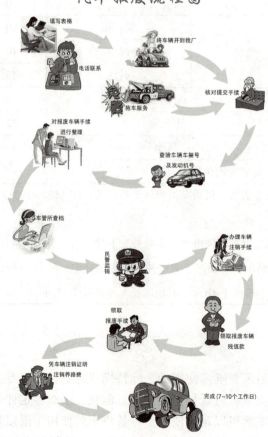

图1-2-5 机动车报废流程

自主学习资源

法律法规——机动车引导报废年限标准

提示引导

重点提示——机动车报废

国家相关法规规定下述车辆应该报废：

（1）因各种原因造成严重损坏或技术状况低劣，无法修复的车辆。

（2）车型已淘汰，已无配件来源的车辆。

（3）长期使用，油耗超过国家定型出厂标准值15%的车辆。

（4）经修理和调整仍达不到国家标准的车辆。

报废机动车回收企业严禁从事下列活动：明知是盗窃、抢劫所得机动车而予以拆解、改装、拼装、倒卖；回收没有公安机关交通管理部门出具的《机动车报废证明》的机动车；利用报废机动车拼装整车。报废汽车的五大总成是指从报废汽车上拆解下的发动机、前后桥、变速器、转向机和车架。国家禁止报废汽车整车及其五大总成流入社会。报废汽车的五大总成应当作为废钢铁，交售给钢铁企业作为冶炼原料。报废机动车回收企业对按有关规定拆解的可出售的配件，必须在配件的醒目位置标明其为报废汽车回用件（拆车件）。

步骤4：了解评估对象及其基本情况

在与客户沟通时，评估师要了解评估对象，也就是被评估车辆的基本情况，主要包括车辆类别、车辆名称、来历、户籍、使用性质、配置、手续、事故情况、技术状况、大修次数以及车辆选装件情况。

在洽谈时，上述基本情况已摸清楚后，就应该做出是否接受委托的决定。如果不接受委托，应该说明原因，客户在交易中有不清楚的地方，应该接受咨询，耐心地解答和指导；如果接受委托，则要签订二手车鉴定评估委托书。

1. 汽车分类

随着汽车用途的日趋广泛，汽车结构装置不断地改进，种类也越来越多，汽车的分类

方法比较多,主要有按用途和结构分类,还有按有关标准法规分类。

新能源汽车包括纯电动汽车（BEV）、混合动力汽车（HEV）、燃料电池电动汽车（FCEV）、氢发动机汽车、其他新能源汽车（如高效储能器、二甲醚）汽车等。

提示引导

重点提示——新能源汽车,见表1-2-4。

表1-2-4　新能源汽车

纯电动汽车	一种采用单一蓄电池作为储能动力源的汽车,它利用蓄电池作为储能动力源,通过电池向电动机提供电能,驱动电动机运转,从而推动汽车行驶
混合动力汽车	驱动系统由两个或多个能同时运转的单个驱动系联合组成的车辆,车辆的行驶功率依据实际的车辆行驶状态
燃料电池电动汽车	动力系统主要由燃料电池发动机、燃料箱（氢瓶）、电机和动力蓄电池等组成,采用燃料电池发电作为主要能量源,通过电动机驱动车辆前进。燃料电池汽车具有效率高、节能环保（以氢气为能源、排放物为水、运行平稳噪声小）等优点
氢发动机汽车	氢发动机使用的燃料是气体氢。氢发动机汽车是一种真正实现零排放的交通工具,排放出的是纯净水,其具有无污染、零排放和储量丰富等优势
其他新能源汽车	其他新能源汽车包括使用超级电容器、飞轮等高效储能器的汽车

创新创业

创新任务——为什么我国大力发展新能源汽车

2. 汽车识别代码

VIN是英文Vehicle Identification Number（汽车识别代码）的缩写,是世界各国汽车制造厂家为每一辆出厂的车辆预先设置的一组代码,也被业界称为汽车的身份证。VIN码由17位字符组成,它包含了车辆的制造商、车型年份、车型、车身形式及安全保护装置型号、发动机代码及组装地点等信息。通过汽车的VIN,可以得到汽车的历史报告,而这也逐渐成为旧车买卖中买方重视的资料。

刨根问底——车辆识别代码的要求

（1）每一辆汽车、挂车、摩托车和轻便摩托车都必须具有车辆识别代码。

（2）在 30 年内生产的任何车辆的识别代码不得相同。

（3）车辆识别代码应尽量位于车辆的前半部分，易于看到且能防止磨损或替换的部位。

我国轿车的大部分 VIN 码设置在风挡玻璃下部，如图 1-2-6 所示，或发动机舱内流槽的上部，某些大型车辆则在汽车车架上的前部右侧打刻，如图 1-2-7 所示。

图 1-2-6 轿车风挡下方的 VIN 码

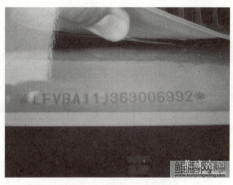
图 1-2-7 车架号

（4）9 人座或 9 人以下的车辆和最大总质量小于或等于 3.5 t 的载货汽车，其车辆识别代码应位于仪表板上，在白天日光照射下，观察者无须移动任何一个部件，从车外即可分辨出车辆识别代码。

（5）车辆识别代码的字码在任何情况下都应是字迹清楚、坚固耐久和不易替换的。车辆识别代码的字码高度：若直接打印在汽车和挂车（车架、车身等部件）上，则至少应为 7 mm 高，其他情况至少为 4 mm 高。

（6）车辆识别代码仅能采用下列阿拉伯数字和大写拉丁字母：1、2、3、4、5、6、7、8、9、0、A、B、C、D、E、F、G、H、J、K、L、M、N、P、R、S、T、U、V、W、X、Y、Z。

（7）车辆识别代码在文件上表示时应写成一行，且不要空格，打印在车辆或车辆标牌上时也应标示在一行。在特殊情况下，由于技术上的原因必须标示在两行上时，两行之间不应有间隙，每行的开始与终止处应选用一个分隔符表示。分隔符必须是不同于车辆识别代码所用的任何字码，且不易与车辆识别代码中字码混淆的其他符号。

> 机动车行驶证、保险单、发动机室内的各种铭牌上都会有 VIN 码的标注。VIN 码将伴随车辆的注册、保险、年检、保养、修理直至回收报废。通过 VIN 码，结合车辆制造档案就可以明确各批次车辆及零部件的去向和车辆的生产、销售及使用情况。另外，可以通过甄别车辆的 VIN 码是否被挫改来发现是否属于盗抢车辆。

2）基本内容

作为评估人员，并不需要掌握如何完全解读一个 VIN 码。因为 VIN 码中有通用的部分，也有依据制造厂商不同而各有不同定义的部分，在各类汽车历史报告网站上面可以得到详细的资料。如图 1-2-8 所示。

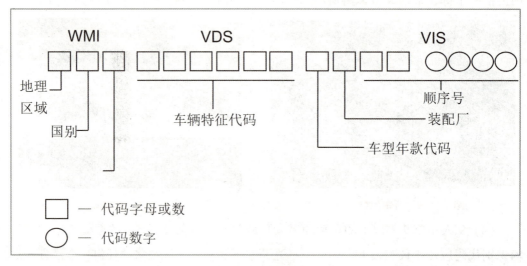

图 1-2-8　VIN 码的组成

（1）第一部分，世界制造厂识别代码 WMI（Word Manufacture Identifier）：必须经过申请、批准和备案后方能使用。

① 第一位：生产国家或地区代码。

J：日本　S：英国　2：加拿大　K：韩国　T：瑞士　3：墨西哥　L：中国　V：法国　4：美国　R：中国台湾　W：德国　6：澳大利亚　Y：瑞典　9：巴西　Z：意大利

② 第二位：汽车制造厂代码。

③ 第三位：汽车类型代码。

第一、二、三位字码的组合能保证制造厂识别标志的唯一性，有些厂商使用前 3 位组合代码表示特定的品牌。

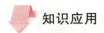 知识应用

解决问题——制造厂代码

以下几种制造厂代码，你认识几种？查询后请将字母所表示的汽车制造厂家名称填在单词后面。

1：Chevrolet____；2：Pontiac____；3：Oldsmobile____ 4：Buick____；
5：Pontiac____；6：Cadillac____；7：GM Canada____；8：Isuzu____；
B：BMW____；B：Dodge____；C：Chrysler____；D：Mercedes Benz____；
E：Eagle____；F：Ford____；G：General Motors____；G：Suzuki____；
H：Acura____；H：Honda____；J：Jeep____；L：Daewoo____；
L：Lincoln____；M：Hyundai____；M：Mitsubishi____；N：Infiniti____；
N：Nissan____；P：Plymouth____；S：Subaru____；T：Lexus____；
T：Toyota____；V：Volkswagen____；V：Volvo____；Y：Mazda____；
Z：Ford____；Z：Mazda____

 自主学习资源

汽车类型代码——常见品牌

TRU/WAU 为 Audi；　　　　1YV/JM1 为 Mazda；　　　　4US/WBA/WBS 为 BMW；
WDB 为 Mercedes Benz；　　2HM/KMH 为 Hyundai；　　　VF3 为 Peugeot；
SAJ 为 Jaguar；　　　　　　WP0 为 Porsche；　　　　　SAL 为 Land Rover；
YK1/YS3 为 Saab；　　　　　YV1 为 Volvo

（2）第二部分，车辆特征代码 VDS（Vehicle Descriptor Section）：VDS 由 6 个字码组成，位于 VIN 的第 4~9 位。不同的厂商有不同的解释，其中轿车表示车辆种类、系列、车身类型、发动机类型及约束系统类型；MPV 表示车辆种类、系列、车身类型、发动机类型及车辆额定总质量；载货车表示型号或种类、系列、底盘、驾驶室类型、发动机类型、制动系统及车辆额定总质量；客车表示型号或种类、系列、车身类型、发动机类型及制动系统。

（3）第三部分，车辆指示部分 VIS（Vehicle Indicator Section）。

① 第一位：年款。评估人员通过 VIN 码必须能够读出的信息。年款代码由相应的英文字母和阿拉伯数字表示，注意：VIN 中不会包含 I、Q、O 三个英文字母，见表 1-2-5。

表 1-2-5 VIN 码年份表

年份	代码	年份	代码	年份	代码
1981	B	1991	M	2001	1
1982	C	1992	N	2002	2
1983	D	1993	P	2003	3
1984	E	1994	R	2004	4
1985	F	1995	S	2005	5
1986	G	1996	T	2006	6
1987	H	1997	V	2007	7
1988	J	1998	W	2008	8
1989	K	1999	X	2009	9
1990	L	2000	Y	2010	A

② 第二位：装配厂。若无装配厂，则制造厂可规定其他的内容。

③ 如果制造厂生产的某种类型的车辆年产量大于或等于 500 辆，则第三位至第八位字码表示生产顺序号；如果制造厂的年产量小于 500 辆，则此部分的第三、第四、第五位字码应与第一部分的三位字码一起来表示一个车辆制造厂。

案例分析

企业案例——车辆 VIN 码

3. 汽车型号编制规则

1）国产汽车型号的编制规则

（1）汽车型号编制。

1988 年我国颁布了《汽车产品型号编制规则》，该标准规定了编制各类汽车产品型号的术语及构成。汽车型号应能表明汽车的厂牌、类型和主要特征参数等。该项国家标准规定，国家汽车型号均应由汉语拼音字母和阿拉伯数字组成。汽车型号编制包括以下三部分，如图 1-2-9 所示。

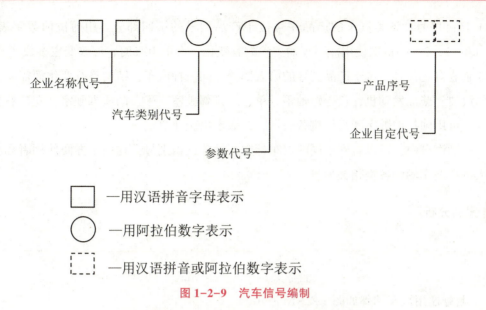

图 1-2-9 汽车信号编制

说明：为了避免与数字混淆，不应采用汉语拼音字母的"I"和"O"。

(2) 基本内容。

① 企业名称代号：由 2 个或 3 个汉语拼音字母组成，是识别企业名称的代号。例如：ZZ 代表中国重汽；CA 代表第一汽车制造厂；ND 代表北京奔驰；EQ 代表第二汽车制造厂；BJ 代表北京福田；TJ 代表天津汽车制造厂等。

② 车辆类别代号：用一位阿拉伯数字表示，按表 1-2-6 规定使用。

表 1-2-6 各类汽车类别代号

车辆识别代号	均匀分布	车辆识别代号	均匀分布
1	载货汽车	5	专用汽车
2	越野汽车	6	客车
3	自卸汽车	7	轿车
4	牵引汽车	8	半挂车及专用半挂车

③ 主参数代号：各类汽车的主参数代号位于产品型号的第三部分，用两位阿拉伯数字表示。

a. 载货汽车、越野汽车、自卸汽车、牵引汽车、专用汽车与半挂车的主参数代号为车辆的总质量 (t)。牵引汽车的总质量包括牵引座上的最大总质量。当总质量在 100 t 以上时，允许用三位数字表示。

b. 客车及客车半挂车的主参数代号为车辆长度 (m)。当车辆长度小于 10 m 时，应精确到小数点后一位，并以长度 (m) 值的 10 倍数值表示。

c. 轿车的主参数代号为发动机排量 (L)，应精确到小数点后一位，并以其值的十倍数值表示。

④产品序号：各类汽车的产品序号位于产品型号的第四部分，用阿拉伯数字表示，数字由0、1、2、…依次使用。当车辆主参数有变化、大于10%时，应改变主参数代号。

⑤企业自定代号：位于产品型号的第五部分。同一种汽车，结构略有变化而需要区别时，如汽油、柴油发动机，长、短轴距，单、双排驾驶室，平、凸头驾驶室，左、右置转向盘等，可用阿拉伯数字和汉语拼音表示，位数也由企业自定。

在一辆汽车中，可以看到不同的汽车标牌、标签或识别号，均用于方便使用者和相关工作人员掌握车辆的各类相关信息。

案例分析

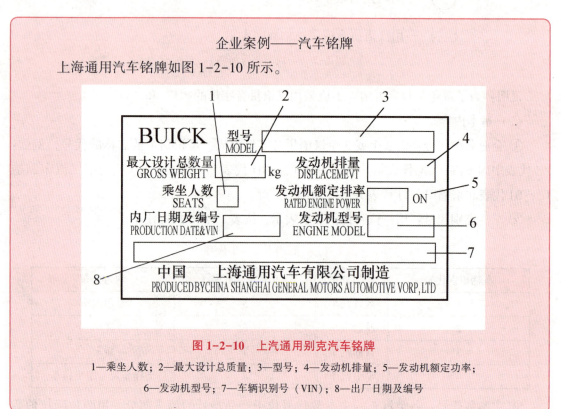

图1-2-10 上汽通用别克汽车铭牌

1—乘坐人数；2—最大设计总质量；3—型号；4—发动机排量；5—发动机额定功率；6—发动机型号；7—车辆识别号（VIN）；8—出厂日期及编号

2）进口汽车车型标牌

汽车出厂时，把汽车的出厂时间与基本性能文字和字母缩写后，记录在汽车的某一个部位，称为车型标牌。进口汽车的厂家不同，车型标牌固定的位置也不同，但多数都固定在驾驶室或发动机罩的某一个位置上。进口汽车使用、维修和筹措配件时，都要用到车型标牌。常见车型标牌记录的内容有汽车型号、发动机型号与排量、车架编号、车身颜色编号、装饰编号和车轴编号和制造厂编号等。不同厂家生产的汽车标牌内容有所不同，如图1-2-11所示。

图1-2-11 进口汽车车型标牌

4. 汽车涂料代码

汽车涂料代码一般是以标牌形式嵌在汽车的某一个角落,不同品牌的汽车位置会有所差异。标牌上一般能看到代码,注意上面写的paint/color,则下面就是颜色编码。

知识应用

解决问题——车辆油漆编号

5. 汽车配件标识信息

国家标准委于2015年9月11日批准发布了由中国物品编码中心、中国自动识别技术协会等单位起草的GB/T 32007—2015《汽车零部件的统一编码与标识》国家标准,标准于2016年1月1日正式实施。

以火花塞为例说明:

最普通的NGK火花塞型号开头的第一个字母代表火花塞的螺丝直径,如B代表14 mm的丝扣、C代表10 mm的丝扣、D代表12 mm的丝扣等。

详细举例说明:如BKR6E这款火花塞,BK代表14 mm螺丝直径、ISO标准长度的火花塞,R代表内置电阻型,6代表热值,E代表19 mm的螺纹旋合长度。在选购火花塞时,首先要确定火花塞合不合装,这里就涉及螺纹直径与螺纹长度,而和火花塞性能相关的热值与间隙也是我们必须考虑的。对于NGK火花塞的电极间隙,如果在编号上没有列明,就表示是标准的间隙——0.8 mm。

火花塞编号内涵如图1-2-12所示。

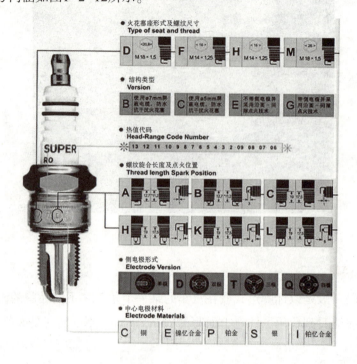

图1-2-12　火花塞编号内涵

知识应用

> **深度理解——车辆配件标识信息的作用**
>
> 标准规定了汽车零部件统一编码的编码原则、数据结构、符号表示方法及其位置的一般原则，适用于汽车零部件（配件）统一编码和标识编制，以及汽车零部件（配件）的信息采集及数据交换。对规范汽车维修市场而言，可提高企业的管理效率、降低运营成本，并为消费者配件查询、配件可追溯体系的建立提供了技术手段。
>
> 制定GB/T 32007—2015《汽车零部件的统一编码与标识》国家标准的目的在于规范并统一各类汽车零部件的编码与标识，提高汽车零部件管理的信息化水平，实现可追踪性与可追溯性；有助于零部件和整车企业对产品的全生命周期管理及缺陷产品的召回，有利于汽车服务市场的转型、升级，促进我国汽车零部件生产企业、整车企业、维修与流通领域的诚信和品牌建设。同时，标准的出台为汽车配件生产、流通、维修，后市场的电子商务、移动互联网、质量保障体系、云服务平台的建立提供了有力支撑。

项目一　二手车评估准备

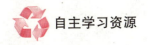　**自主学习资源**

汽车配件标识——发动机标识

6. 汽车轮胎标识信息

汽车轮胎标识信息如图 1-2-13 所示。

图 1-2-13　汽车轮胎标识信息

其中，扁平率（高宽比）是指轮胎断面高与断面宽的比值，H/B（%）。有的轮胎还含有其他的字母或符号，是有特殊含义的："X"表示高压胎，"C"表示加强型，"—"表示低压胎。

例如：P175/70HR13 表示车用轮胎宽 175 mm，扁平率为 70，最高车速为 210 km/h，轮辋直径为 13 in[①]。

　知识应用

解决问题——轮胎标识

已知某一轮胎品牌上的标识为 195/55 R15，那么该轮胎的直径大小为多少？

---

①　1 in = 2.54 cm。

53

步骤 5：实地考察，核实相关信息

对于存在疑问或评估数量较大的业务，在签订二手车鉴定评估委托书之前，应实地核实评估对象的信息，确定车辆、车主相关信息的真实性。对于长期停驶、在修或停驶待修的车辆，为了了解鉴定评估的工作量，准确考察车辆的现时状况，应督促车主恢复车辆使用功能，为下一步现场鉴定做好准备。

步骤 6：签订委托书

二手车鉴定评估委托书必须符合国家法律、法规和资产评估业的管理规定，涉及国有资产占有单位要求申请立项的二手车鉴定评估业务，应由委托方提供国有资产管理部门关于评估立项申请的批复文件，经核实后，方能接受委托，签署委托书。

接待人员根据询问委托人（或车主）的记录以及委托人携带的车辆资料（如登记证书、行驶证、购车发票等），认真填写委托书的内容，并经双方签字后，将其中的一份送给委托人，另一份由评估机构保存。

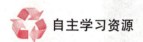
自主学习资源

二手车鉴定评估委托书

步骤 7：制定鉴定评估作业方案

鉴定评估方案是二手车鉴定评估机构根据二手车鉴定评估委托书的要求而制定的规划和安排。二手车评估机构前台接待人员（或负责人）在与委托人签订委托书之后，即编制评估作业方案，并将编制好的评估作业方案及委托书一起交给负责的二手车评估师。

鉴定评估方案主要内容包括评估目的、评估对象和范围、评估基准日、具有鉴定资格的评估人员及协助评估人员工作的其他人员、现场工作计划、评估程序、评估具体工作和时间安排、拟采用的评估方案及其具体步骤等。

提示引导

重点提示——"1+X"考核要求

知识要求	讲解视频	知识要求	讲解视频
车辆识别代码常在位置及识别码意义		发动机号码重新打刻的种类	
涂料代码常在位置及意义		原厂打造发动机号码的特质	
轮胎生产日期常在位置及意义			

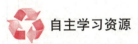
自主学习资源

二手车鉴定评估作业方案

任务巩固与拓展

1. 任务巩固：简答题

| 班级： | 姓名： | 学号： |

1. 车辆识别代码

（1）车辆识别代码在车上哪里可以找到？汽车哪些证件上有识别代码？

（2）识别代码的作用是什么？

（3）识别代码的组成部分有哪些？

（4）识别代码第二部分为车辆特征代码，不同的厂商有不同的解释，如下表。

轿车	
MPV	
载货车	
客车	

（5）识别代码的第十位表示什么？多少年循环一次？

2. 汽车产品型号

（1）汽车产品型号由哪几部分组成？

（2）下列代号各代表哪个汽车企业？

ZZ		ND		CA	
EQ		BJ		TJ	

56

续表

3. 汽车铭牌

（1）铭牌中都包含哪些信息？

（2）铭牌的位置在哪里？

4. 汽车涂料代码

（1）汽车涂料代码在什么位置？

（2）汽车上为什么会有汽车涂料代码？

5. 汽车的生产日期

在哪里可以查看到汽车的生产日期？

6. 汽车配件

（1）汽车配件标识代码有什么作用？在什么位置？

（2）汽车配件标识代码一般都包含什么信息？

7. 汽车轮胎

（1）汽车轮胎标识代码在什么位置？

2) 汽车轮胎标识代码包含什么信息？

8. 要想成为一名优秀的二手车评估师，应该掌握什么知识？具备什么能力？具有什么素质？

9. 汽车有形损耗有哪些？举例说明，至少说出 5 个例子。

10. 汽车的营运性贬值有哪些？举例说明，至少说出 3 个例子。

11. 引起车辆经济性贬值的因素有哪些？举例说明（3 个以上）。

12. 正常使用的车辆，自然寿命可以划分为哪几个阶段？每个阶段具有什么特点？

13. 在与客户进行业务洽谈时，评估师主要了解的信息包括哪些？应该注意什么？

14. 签订委托书时，评估师需要与客户确定评估时点，评估时点是什么？为什么要确定评估时点？如果不确定，会出现什么后果？

2. 任务拓展：

请同学们以小组为单位，用 **5 min** 时间检查实训用车起亚 **K2**，填写"车辆代码信息表"。

车辆代码信息表

机动车识别代码	1. 代码：_____ 2. 车辆品牌：_____ 3. 通过网络查询这个品牌汽车特征代码的含义：_____ _____ 4. 车辆的生产时间：_____
汽车产品型号	1. 代码：_____ 2. 汽车生产企业：_____ 3. 汽车类型：_____
汽车铭牌	乘坐人数：_____ 最大设计总质量：_____ 汽车型号：_____ 发动机排量：_____ 发动机额定功率：_____ 发动机型号：_____ 车辆 VIN：_____ 出厂日期及编号：_____
涂料	代码：_____ 含义：_____
轮胎	代码：_____ 含义：_____ 轮胎生产时间：_____
车辆配置	级别：_____　　　　能源类型：_____ 环保标准：_____　　最大功率：_____ 最大扭矩：_____　　发动机：_____ 变速箱：_____　　　长、宽、高：_____ 车身结构：_____　　驱动方式：_____ 前后制动器类型：_____　驻车制动类型：_____ 轮胎规格：_____　　天窗：_____ 安全气囊数量：_____　中控液晶屏幕：_____ 倒车辅助系统：_____　内饰材质：_____ 座椅调节：_____　　其他：_____

3. 评价标准

班级：		姓名：		得分：
日期：		学号：		

序号	评分项	得分条件	分值	得分
1	车辆识别代码	（1）准确找到代码，并书写正确	5分	
		（2）通过代码识别出正确的车辆品牌	5分	
		（3）通过代码确定车辆生产时间	5分	
2	汽车产品型号	（1）准确找到汽车产品型号，并书写正确	5分	
		（2）识别出正确的车辆生产企业	5分	
		（3）通过型号正确读出车辆类型	5分	
3	汽车铭牌	（1）正确找到铭牌位置	5分	
		（2）铭牌信息识读准确	5分	
4	涂料代码	（1）准确找到代码位置	5分	
		（2）代码含义书写正确	5分	
5	车辆配置	（1）能够利用网络查询车辆配置信息	5分	
		（2）能够通过检查车辆正确填写车辆信息	5分 错一个扣1分	
6	素质要求	（1）分工明确，通过小组协作完成任务	10分	
		（2）小组成员全体参与	10分	
		（3）实训室7S管理	10分	
		（4）任务单书写工整、干净、规范	10分	

 自我分析与总结

学生改错：	学会的内容

学生总结：

 项目学习成果实施与测评

1. 项目学习成果名称：二手车评估准备

班级：	小组成员：
核心内容	
诚信二手车评估机构迎来了一位客户，车主希望给他的爱车起亚 K2 评估一个价格，作为交易的底价。评估师小白接待了这位顾客，通过沟通交流，赢得了客户的信任，客户打算将车辆交给小白评估。评估师小白引导客户签订委托书，并制定评估方案	
基本要求	
学生以小组为单位协作完成本次任务。 　任务1：热情礼貌接待客户。 　任务2：与客户业务洽谈，了解客户需求；查看相关证件和实车，了解车主和车辆基本情况，填写"客户信息登记表"；努力赢得客户的信任，使客户愿意在本公司评估车辆，填写"鉴定评估委托书"，并制定二手车鉴定评估作业方案	
任务实施	
每个小组派出两名同学，一个小组模拟二手车评估师，一个小组模拟顾客	
任务准备	
客户的身份材料（两种类型车主：个人和企业）、车辆的行驶证、机动车登记证书、机动车来历凭证、实车起亚 K2；"客户信息登记表"、委托书、评估方案	

客户信息登记表

年 月 日

评估师：

车主信息	☐是原车主	☐单位车辆	单位名称	
		☐个人车辆	车主姓名	
			联系方式	
	☐不是原车主	与车主关系：	联系方式：	
评估目的	☐交易 ☐转籍 ☐拍卖 ☐置换 ☐抵押 ☐担保 ☐咨询 ☐司法裁决			
车辆信息	车辆类别：☐汽车 ☐拖拉机 ☐摩托车			
	厂牌型号：		购买日期	
	燃料种类：☐汽油 ☐柴油 ☐新能源			
	新能源汽车种类：☐纯电动汽车 ☐混合动力汽车 ☐燃料电池电动汽车 ☐氢发动机汽车 ☐其他新能源汽车			
	初次登记日期		行驶里程	
	车辆来历		户籍	
	使用性质		手续齐全	☐是 ☐否
	事故情况	☐无		
		☐有，位置：	更换部件：	
	车辆技术状况	☐好 ☐较好 ☐一般 ☐差		
	车辆大修次数			
	车辆选装件			
备注				

二手车鉴定评估委托书

_____二手车鉴定评估机构：

因 □交易 □转籍 □拍卖 □置换 □抵押 □担保 □咨询 □司法裁决需要，特委托你单位对车辆（号牌号码_____车辆类型_____发动机号_____车架号_____）

进行技术状况鉴定并出具评估报告书。

附：委托评估车辆基本信息

车主		身份证号码/法人代码证		联系电话	
住址				邮政编码	
经办人				联系电话	
住址		身份证号码		邮政编码	
车辆情况	厂牌型号			使用用途	
	载重量/座位/排量			燃料种类	
	初次登记日期	年 月 日		车身颜色	
	已使用年限	年 个月		累计行驶里程/万公里	
	大修次数	发动机/次		整车/次	
	维修情况				
	事故情况				
价值反映	购置日期	年 月 日	原始价格/元		
	车主报价/元				
备注：					

填表说明：

1. 若被评估车辆使用用途曾经为营运车辆，则需在备注栏中予以说明。

2. 委托方必须对车辆信息的真实性负责，不得隐瞒任何情节，凡由此引起的法律责任及赔偿责任由委托方负责。

3. 本委托书一式二份，委托方、受托方各一份。

委托方：（签字、盖章）

受托方：（签字、盖章）　　　　　　　　　　　　　经办人：（签字、盖章）
　　　　　　　　　　　　　　　　　　　　　（诚信二手车鉴定评估机构盖章）

年　月　日　　　　　　　　　　　　　　　　　　　年　月　日

二手车鉴定评估作业方案

一、委托方与车辆所有方简介

委托方＿＿＿＿＿＿

委托方联系人＿＿＿＿＿＿，联系电话＿＿＿＿＿＿＿＿

二、评估目的

根据委托方的要求，本项目评估目的（在□处填√）：

□交易 □拍卖 □置换 □抵押 □担保 □咨询 □司法裁决

三、评估对象

评估车辆的厂牌型号：＿＿＿＿＿＿；车牌号码：＿＿＿＿＿＿

四、鉴定评估基准日

鉴定评估基准日：＿＿＿＿年＿＿＿＿月＿＿＿＿日。

五、拟定评估方法（在□处填√）

□重置成本法 □现行市价法 □收益现值法 □其他

六、拟定评估人员

负责评估师：＿＿＿＿＿＿

协助评估人员：＿＿＿＿＿＿

七、现场工作计划

负责评估师组织相关人员，于＿＿＿＿年＿＿＿＿月＿＿＿＿日＿＿＿＿时前，参照各项工作的参考时间，完成下列工作。

（1）证件核对：＿＿＿＿分钟。

（2）鉴定二手车现时技术状况：

静态检测与动态检测：＿＿＿＿＿＿分钟。

仪器设备检测：送＿＿＿＿＿＿＿＿＿＿检测站（注：此项工作视具体车辆情况而定），＿＿＿＿＿＿分钟。

（3）车辆牌照：＿＿＿＿＿＿分钟。

（4）评定估算：＿＿＿＿＿＿分钟。

（5）撰写评估报告：＿＿＿＿＿＿分钟。

八、评估作业程序

按照接受委托、验证、现场勘查、评定估算和提交报告的程序进行。

九、拟定提交评估报告时间：＿＿＿＿年＿＿＿＿月＿＿＿＿日。

2. 项目学习成果测评标准

班级：			小组：		
日期			总分：		
序号	评分项	得分条件		分值	得分
1. 主动热情迎接	接待礼仪	（1）发型整洁，无出绺，没有头皮屑；妆容得体，清新自然；眼部清洁、目光有神；耳、鼻、口清洁，无异物和异味；不留长指甲，且指甲内部没有污垢		5分	
		（2）着装整洁，且尺寸合适；服装颜色及美化搭配适宜，鞋面无灰尘和污迹，袜子无破损		5分	
		（3）站姿正确：头正、肩平、臂垂、躯挺、腰脚并拢；笑容自然大方；目光柔和、友善		5分	
		（4）声音洪亮、语速适中、层次清晰；说话时表情自然、手势恰当；内容恰当、语言优美；表达时感情饱满		5分	
		（5）自信、乐观的心态		5分	
	了解客户需求	询问评估目的		5分	
2. 了解车主车辆情况	客户信息表	（1）车主信息正确、完整，少、错一项扣1分		5分	
		（2）车辆信息正确、完整，少、错一项扣1分		5分	
	检查车辆和证件	（1）检查车辆证件		5分	
		（2）核对车辆和证件信息，并拍照		5分	
	接受咨询	（1）正面回答客户提出的问题，回答客观准确		5分	
		（2）在洽谈过程中，评估师为主导		5分	
3. 洽谈成功	委托书	（1）信息填写完整、正确，少、错一项扣一分		5分	
		（2）在备注栏填写评估基准日		5分	
	评估方案	方案填写合理，少、错一项扣1分		5分	
4. 素质要求		（1）通过小组协作成功完成本次任务		5分	
		（2）从容、淡定、自然、流畅		10分	
		（3）规范、有序、合理、恰当		10分	

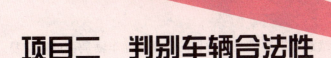

项目二　判别车辆合法性

项目导读

本项目是评估人员在对二手车进行技术鉴定之前的工作内容，即通过检查车辆证件和票据，确保所评估车辆手续齐备、合法，凭借评估人员所掌握的专业知识和经验，结合管理部门的信息资料，对车辆进行全面细致的识伪检查，使二手车交易规范、有序进行。

学习目标

（1）二手车识伪检查的方法和技巧。
（2）能够识别车辆证件和单据的真假，准确判断证件是否合法、齐备、有效。
（3）培养学生细致严谨的专业精神。
（4）鉴别走私汽车、拼装汽车和盗抢汽车的方法。
（5）能够通过简单的方法识别走私汽车、拼装汽车和盗抢车辆。
（6）培养学生的社会责任感和使命感以及自身的法律意识和自我保护意识。

项目实施

在本项目实施过程中，评估师需要严谨细致地检查车辆手续和单据是否齐全、有效；在不拆卸车辆零部件的情况下，结合车辆证件和单据，判断车辆可否交易。如果不能交易，告知车主原因；如果车辆涉嫌走私、拼装或盗抢，则应第一时间报案。

任务一　接待准备

任务导入

经过前两次的见面和沟通，王先生非常信任评估师小蔡，所以今天他再次来到诚信二手车评估公司，并带来了车辆的手续。小蔡心中知道，检查车辆手续非常重要，这是判断车辆是否合法的一个关键性检查项目，不能有任何的疏忽，所以小蔡非常认真地检查了王先生带来的车辆手续和单据。

任务说明

检查车辆的手续和单据，最主要的目的就是判断车辆是否可以交易。如果发现法定证明、单据不全，应告知委托方，不需要进行技术鉴定和价格评估，必要时甚至需要及时报告公安机关等执法部门。

学习目标

（1）机动车相关证件和单据的种类。
（2）能够细致严谨地核对证件和单据是否齐全，辨别证件的真伪。
（3）能够通过检查"机动车登记证书"和"机动车行驶证"，并与车辆的 VIN 码和发动机号比对，确认车辆合法性。
（4）能够通过检查证件，确认客户是否有车辆处置权。
（5）逐步培养学生沉着冷静地思考问题，以及细致严谨的动手检查的能力。

任务准备

车主身份证、行驶证、机动车登记证书、交强险保单、原车发票、购置税、车船税、商业险、年检合格标志、交强险标志、车钥匙。

任务实施

序号	内容	讲解视频	序号	内容	讲解视频
步骤1	检查卖主身份证和组织机构代码证书		步骤6	检查机动车检验合格标志	
步骤2	检查机动车来历凭证（重点）		步骤7	检查车辆购置附加税	
步骤3	检查机动车行驶证（重点）		步骤8	检查车船使用税	
步骤4	检查机动车登记证书（重点）		步骤9	检查机动车保险	
步骤5	检查机动车号牌（重点）		步骤10	检查车辆违章	

 实施要点

步骤1：检查卖主身份证和组织机构代码证书

1. 检查身份证

（1）私家车的车主，需要检查身份证。检查卖主的身份证，判定真伪，同时检查是否与机动车登记证书上的车主信息一致，判定卖主是否对所卖汽车拥有使用权和处置权。如果车主委托其朋友来办理车辆技术鉴定等事项，则需要提供委托书，证明委托关系。

69

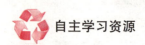 自主学习资源

刨根问底——辨别身份证真伪

（2）单位车辆的，需要检查组织机构代码证。在检查组织机构代码证时，首先要检查其是否在有效期内，核对车主身份和组织机构代码证是否与车辆信息相对应，确认车主是否具有车辆的处置权，对于识别盗抢、租赁、走私等车辆具有重要意义。

 自主学习资源

组织机构代码证的防伪标识

 案例分析

社会案例——"保护"你的身份证

身份证的作用不言而喻，乘坐交通工具、参加考试、办理银行业务，等等，只有身份证能够证明公民的合法身份。有些人利用学生的单纯，骗取身份证去办理银行卡等不法行为，造成了很大的损失，甚至涉嫌违法。你知道该如何保护你的身份证吗？

在日常生活和工作中，我们要注意以下几点：

（1）身份证不能随意借给别人，即使是你最好的同学、朋友、亲戚。

（2）在办理银行等其他业务时，需要用到身份证复印件，复印件与原件一样，保存好，不能随意借给他人。

（3）在办理业务时，如果需要提交身份证复印件，则咨询工作人员是否可以在复印件上写明"此复印件用于办理×××业务使用"。

（4）在使用个人信息登录网络平台时，不要用身份证号作为账号使用。

总之，我们自己只要做好防范措施，保护好身份证，就算骗子的手段不断升级，也无计可施。

步骤2：检查机动车来历证明

机动车来历证明是机动车来源的合法证明，通过检查机动车来历证明可以及时发现该车是否合法、是否为涉案车辆，同时登陆公安机关交通管理部门"全国被盗抢汽车查询系统"，确认车辆为非盗抢车。二手车评估机构应拥有各类机动车来历凭证，以便评估师对比鉴别。

机动车来历证明主要包括以下几个方面：

（1）在国内购买的机动车的来历凭证，可分为新车来历凭证和二手车来历凭证。新车来历凭证是指经国家工商行政管理机关验证（加盖工商验证章）的机动车销售发票（即原始购车发票），如图2-1-1所示。2005年10月，《二手车流通管理办法》颁布实施，全国统一了二手车销售发票，如图2-1-2所示。

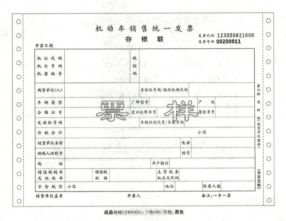

图2-1-1　新车销售发票

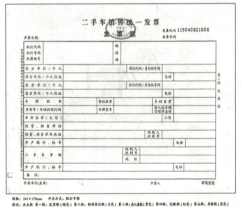

图2-1-2　二手车销售发票

从新车销售发票上可以看出车主购置车辆的日期和原始价值。车辆的购置日期和原始价值是二手车评估时重要的评估参数之一。国家税务部门制定的二手销售专用发票，对促进二手车流通和交易起到了极大的促进作用，国家税务部门也按发票票面成交价来征缴税费。

（2）在国外购买的机动车，其来历凭证是该车销售单位开具的销售发票和翻译文本。

（3）人民法院调解、裁定或者判决转移的机动车，其来历凭证是人民法院出具的已经生效的《调解书》《裁定书》或者《判决书》以及相应的《协助执行通知书》。

（4）继承、赠予、中奖和协议抵偿债务的机动车，其来历凭证是继承、赠予、中奖和协议抵偿债务的相关文书和公证机关出具的《公证书》。

（5）自查资产重组或资产整体买卖中包含的机动车，其来历凭证是资产主管部门的批准文件。

（6）国家机关统一采购并调拨到下属单位未注册登记的机动车，其来历凭证是全国统一的机动车销售发票和该部门出具的调拨证明。

（7）经公安机关破案发还的被盗抢且已向原机动车所有人理赔完毕的机动车，其来历凭证是保险公司出具的"权益转让证明书"。

（8）更换发动机、车身、车架的来历凭证，是销售单位开具的发票或者修理单位开具的发票。

步骤3：检查机动车行驶证

机动车行驶证是由公安机关交通管理部门依法对车辆进行注册登记核发的证件，它是机动车取得合法行使权的凭证，是随车必备文件之一，也是二手车过户、转籍必不可少的证件。

机动车行驶证分为正页和副页，正页上的信息包括车主、17位识别码、发动机号和车架号，副页的信息包括检验的有效期，在副页可以看出安全检查和排放检查是否合格、检验结果是否在有效期内，如图2-1-3所示。

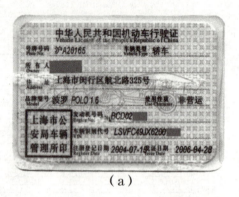
（a）

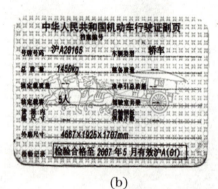
（b）

图2-1-3　机动车行驶证
（a）正页；（b）副页

检查机动车行驶证上的号牌号码、车辆识别代码、发动机号、车架号与机动车登记证书上的信息是否一致，与车辆实物是否一致，是否有改动、凿痕、挫痕、重新打刻等情况，车辆颜色与车身装置是否与行驶证一致；检查车辆检验结果是否符合法规要求，并注意日期是否失效，如果超过有效期，则必通知车主先进行车检。

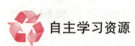
自主学习资源

刨根问底——辨别行驶证真伪

步骤4：检查机动车登记证明

机动车登记证书是由公安机关交通管理部门核发和管理的，又称"绿皮本"，其封皮式样和内容如图2-1-4所示，是机动车的"户口本"和所有权证明，具有产权证明的性质，所有机动车的详细信息及机动车所有人的资料都记载在上面。当证书上所记载的原始信息发生变动时，机动车所有人应当及时到车辆管理所办理变更登记；当机动车所有权发生转移时，原机动车所有人应当将机动车登记证书做变更登记后随车交给现机动车所有人。因此，机动车登记证书是机动车从"生"到"死"的完整记录。

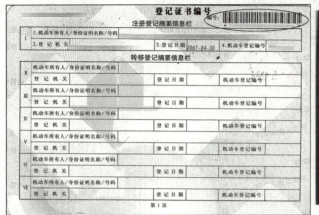

图2-1-4　机动车登记证书

（1）机动车登记证书由三个主要部分组成。第一部分是"注册登记摘要信息栏"，这里记载原机动车所有人的相关信息；第二部分是"转移登记摘要信息栏"，车辆每交易一次，只要是合法交易，都要在这一栏中登记相关信息；第三个部分是"注册登记机动车信息栏"，主要包括车辆类型、车辆型号、车辆识别代码、发动机号，等等，是机动车的详细信息。

（2）检查机动车登记证书时，主要检查以下几项：

①核对机动车所有人是否曾为出租公司或租赁公司。

②核对登记日期和出厂日期是否时间跨度很大，确认车辆是否是库存车或海关积压车等。

③核对进口汽车是否为海关进口或海关罚没车辆。

④检查VIN码是否正确，检查车辆排量，避免低排量车冒充高排量车增加价值。

⑤核对"使用性质"，通常有"营运""租赁""非营运"等几种，不同使用性质的车辆使用寿命有很大不同。

⑥核对登记栏内是否注明该车已做抵押。

⑦对于货运车辆，核对长、宽、高、轮距、轴距、轮胎的规格是否一致。

⑧核对现机动车登记证书持有人与受委托人是否一致。

2002年之前购买的汽车大部分都没有登记证书，在车辆交易时需要先到车辆管理部门补办。补办车辆登记证书时需携带机动车所有人的身份证和交验车辆，按要求补办。

 自主学习资源

刨根问底——辨别机动车登记证书真伪

步骤5：检查机动车号牌

机动车号牌是由公安局车辆管理机关依法对机动车进行注册登记核发的号牌，它和机动车行驶证一同核发，其号码与行驶证一致。它是机动车取得合法行使权的标志。号牌应按规定悬挂并保持清晰、完整，不得故意遮挡，不得转让、涂改、伪造。号牌在安装方面设有固封装置，并规定该装置由发牌机关统一负责装、换，任何单位和个人都无权拆卸，并作为车辆检验的一项内容。对于车牌的固封有被破坏痕迹的车辆，需要引起重视。

 知识应用

判断标准——我国机动车分类、规格、颜色及其使用范围

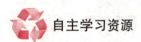 自主学习资源

刨根问底——辨别机动车号牌真伪

步骤6：检查机动车检验合格标志

机动车检验合格标志包括机动车安全技术检验合格标志、营运车辆综合性能检测合格标志和机动车环保检验合格标志，是机动车在进行检验合格后，公安机关发放的合格标志，该标志应贴在机动车前窗右上角，如图2-1-5所示。

图 2-1-5　机动车检验合格标志和电子凭证

环保检验合格标志分为绿标贴和黄标贴两种。凡检验完全符合当地环境保护标准要求的，则核发绿标贴，可在当地（全市境内）行车使用；凡检验不符合当地环境保护标准要求的，则核发黄标车，将在当地限制区域使用。如果机动车无合格标志或标志无效，则不能交易。

 案例分析

社会案例——"黄标车"限行，影响二手车市

步骤 7：检查车辆购置附加税

车辆购置附加税是国家对所有购置车辆的单位和个人，包括国家机关和单位以纳税形式征收的一项费用。车辆购置附加税单位价值不大，一般是车辆价格的 10%，征收范围见表 2-1-2。
车辆购置附加税的免税、减税范围按下列规定执行：
（1）外国驻华使馆、领事馆和国际组织驻华机构及其外交人员自用的车辆，免税。
（2）中国人民解放军和中国人民武装警察部队列入军队武器装备订货计划的车辆，免税。
（3）设有固定装置的非运输车辆，免税。
（4）有国务院规定予以免税或减税的其他情形的，按照规定免税或者减税。

（5）对于挖掘机、平地机、叉车、装载车（铲车）、起重机（吊车）、推土机等六种车辆，免税。

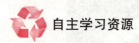 自主学习资源

标准法规——车辆购置税征收范围

车辆购置税征收范围见表 2-1-1。

表 2-1-1　车辆购置税征收范围

应税车辆	具体范围	注　释
汽车	各类汽车	
摩托车	轻便摩托车	最高设计时速不大于 50 km/h，发动机气缸总排量不大于 50 cm^3 的两个或者三个车轮的机动车
	二轮摩托车	最高设计车速大于 50 km/h，或者发动机气缸总排量大于 50 cm^3 的两个车轮的机动车
	三轮摩托车	最高设计车速大于 50 km/h，或者发动机气缸总排量大于 50 cm^3，空车重量不大于 400 kg 三个车轮的机动车
电车	无轨电车	以电能为动力，由专用输电电缆线供的电轮式公共车辆
	有轨电车	以电能为动力，在轨道上行驶的公共车辆
挂车	全挂车	无动力设备，独立承载，由牵引车辆牵引行驶的车辆
	半挂车	无动力设备，与牵引车辆共同承载，由牵引车辆牵引行驶的车辆
农用运输车	三轮农用运输车	柴油发动机，功率不大于运输车 7.4 kW，载重量不大于 500 kg，最高车速不大于 40 km/h 的三个车轮的机动车
	四轮农用运输车	柴油发动机，功率不大于运输车 28 kW，载重量不大于 1 500 kg，最高车速不大于 50 km/h 的四个车轮的机动车

已经缴纳车辆购置附加税的车辆进行二手车交易，必须出示车辆购置附加税缴税凭证，如图 2-1-6 所示，如果为免税车，则应查实其是否符合免税的有关规定，可减免的，购置税完税证明上均有说明。完税车辆需要加盖车辆购置税征税专用章，免税车辆需要加盖车辆购置免税专用章以及征税机关公章后才有效。

车辆购置附加税凭证真伪的识别，一是以对比法进行认定，二是到征收机关查验。如图 2-1-7 所示，各个地区公安交通网站上均可根据车辆的车牌号及 VIN 码或车主姓名查询车辆违规及税费、保险缴纳情况。

步骤 8：检查车船使用税

车船使用税征收依据是 2012 年 1 月 1 日起实施的《中华人民共和国车船税法》。根据规

定，凡在中华人民共和国境内拥有车辆与船舶的单位和个人，为车船税的纳税人，都应该依照规定缴纳该税，这项税收按年征收，分期缴纳，缴纳后有缴讫凭证，如图2-1-8所示。

图 2-1-6　车辆购置附加税纳税凭证

图 2-1-7　武汉市公安局交通管理局

图 2-1-8　车船使用税交讫标志

车船税由地方税务机关负责征收，车船税征收标准见表2-1-3。

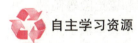

自主学习资源

标准法规——车船税征收标准

车船税征收标准见表2-1-2。

表 2-1-2　车船税征收标准

税目	计税单位	每年税额/元	备注
载客汽车	每辆	60～660	包括电车
载货汽车	按自重每吨	16～120	包括半挂牵引车、挂车
三轮汽车低速货车	按自重每吨	24～120	
摩托车	每辆	36～180	
船舶	按净吨位每吨	3～6	拖船和非机动驳船分别按船舶税额的50%计算

77

《中华人民共和国车船税法》第三条规定，下列车船免征车船税：

（1）捕捞、养殖渔船。

（2）军队、武警专用的车船。

（2）警用车船。

（4）依照法律规定应当予以免税的外国驻华使领馆、国际组织驻华机构及其有关人员的车辆。

依据规定从事机动车交通事故责任强制保险业务的保险机构为车船税的扣缴义务人，并向国库缴纳税款。

二手车评估人员检查该税时，主要查看是否具有真实的车船税完税凭证。如果没有此凭证，但按规定能够补办，则应在价格评估时将此项费用扣除（包括新交税费、补交税费及滞纳金等）。如果为免税车型，则应核定是否在法规规定的免税范围内。检查车船税缴付凭证是否有效，并交至年限。车辆拥有人与使用人不一致的由拥有人负责缴纳税款。

步骤9：检查机动车保险费

机动车辆保险就是各种机动车辆在使用过程中发生的肇事车辆造成车辆本身及第三者人身伤亡和财产损失的一种经济补偿制度。根据《中华人民共和国道路交通安全法》和《机动车交通事故责任强制保险条例》的规定，公安机关交通管理部门、管理拖拉机的农业机械管理部门对交强险实施监督制度，在受理机动车注册登记、变更登记、改装和安全技术检验时，对符合要求的机动车辆均需具备有效的交强险保险，否则不能办理相关登记。

检查机动车保险费，主要是检查是否投保了车辆损失险、交强险和盗抢险等险种，并确认其保险单的真实性和保险期限，以及被保险人与车主是否一致。检查车辆上是否贴有机动车交通强制保险标志，如图2-1-9所示。

图2-1-9　交强险标志式样

步骤10：检查车辆违章

车辆在进行过户之前，一定要先处理完违章记录，缴纳罚款，否则无法办理过户。查询交通违章记录的方法有以下几种：

（1）到各市区县交通大队办公大厅，通过查询终端查询。

（2）登录各市公安局交通管理局对外服务网站，输入车牌号和车辆 VIN 码查询，也可登录全国车辆交通违章查询服务平台查询。

（3）拨打声讯电话查询。

（4）通过编写手机短信查询。

（5）应用手机软件查询。

提示引导

社会责任——鉴别非法车辆

评估师检查所有的证件，目的有两个：一个是检查证件是否齐全、有效，另一个目的就是判断证件的真假。如果检查时发现手续有伪造的，评估师首先怀疑的就是这台车是非法车辆。这个时候，评估师就要利用自己的专业知识进一步分析判断，必要时可以报警。这也是二手车评估师的社会责任，只有每一个评估师都能按照规范进行检查，二手车市场才能净化，我国的二手车发展才会越来越健康。

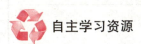
自主学习资源

刨根问底——海关监管车辆

任务巩固与拓展

1. 任务巩固：简答题

班级：	姓名：	学号：
1. 二手车评估师需要检查哪些车辆手续和单据？哪些是随车携带的？		
2. 如果车辆分别是私人的、非国有企业的、国有企业的、事业单位的，卖车人需要提交什么材料才能够证明他具有车辆的处置权？		
3. 机动车来历凭证包括哪几种？		
4. 机动车行驶证的作用是什么？在检查时查看什么？如何检查？		
5. 机动车登记证书的作用是什么？在检查时查看什么？如何检查？		

续表

班级：	姓名：	学号：
6. 机动车号牌有几种类型？分别适用于什么车辆？各自有什么特点？		
7. 机动车检验合格标志有几种？如何检查？		
8. 什么样的车辆减免购置附加税？如何检查车辆购置附加税？		
9. 车险有几种？如何检查车险？		
10. 如何处理违章？		

2. 任务拓展

请同学们检查实训室车辆起亚 **K2**，结合车辆凭证和车主证件填写以下信息。

1. 卖主是否具有车辆的所有权和处置权：□是 □否
   判断依据：

续表

2. 卖主提供的身份证是真的吗：□是 □否 判断依据：
3. 该车是否随车携带行驶证：□是 □否 行驶证是否是真的：□是 □否 判断依据：
4. 该车是否为抵押期间或海关监管期间：□是 □否 判断依据：
5. 该车的 VIN 码与证件是否一致：□是 □否 需要核对的证件是：
6. 该车是否为人民法院、检察院、行政执法等部门依法查封、扣押期间的车辆：□是 □否 判断依据：
7. 该车车牌是否悬挂：□是 □否 补办车牌费用： 悬挂是否正确：□是 □否 号牌是真的吗：□是 □否 判断依据：
8. 该车发动机号与证件是否一致：□是 □否 需要核对的证件是什么？
9. 该车曾经有几位车主？
10. 该车是进口车还是国产车？
11. 车检是否超期：□是 □否 判断依据：

续表

12. 该车是否为黄标车：□是 □否	
13. 该车购买了几种车险？是否脱保？	
14. 该车是否有违章记录：□是 □否 违章处罚：　　元，　　分，或其他	
15. 该车缴纳了几种税？分别是什么税？	
16. 该车是私家车还是单位车辆？	
17. 该车可否交易：□是 □否	

3. 评价标准

班级：		姓名：	得分：	
日期：		学号：		
序号	得分条件		分值	得分
1	熟知所有车辆手续和单据种类		5分	
2	熟知随车携带证件种类		5分	
3	能够通过检查相关证件判断车辆所有权和车辆处置权		5分	
4	能够通过检查车辆 VIN 码和发动机号，与车辆证件进行核对，判断车辆合法性		5分	
5	能够准确检查行驶证真伪		5分	
6	能够通过检查相关证件，准确判断车辆是否处于海关监管、抵押或扣押期间		5分	
7	能够正确检查机动车号牌真伪，能够检查号牌号码与证件号码是否一致		5分	
8	能够通过检查相关证件，判断车辆的过户情况		5分	

续表

序号	得分条件	分值	得分
9	能够通过检查机动车检验合格标志和排放标志，准确判断车辆检验有效期及其是否为黄标车	5分	
10	能够通过检查交强险标志和保单，分析车辆是否脱保	5分	
11	能够通过检查相关证件，准确判断车辆是否可以交易	10分	
12	通过小组协作完成任务	10分	
13	小组成员全体参与	10分	
14	成员分工明确	10分	
15	检查细致严谨	10分	

 自我分析与总结

学生改错：

学会的内容

学生总结：

任务二　鉴别非法车辆

任务导入

今天诚信二手车公司接待了一位特殊的客户张先生，张先生的爱车是一辆走私罚没处理过的奔驰轿车，6年前经处理后，车辆拥有了合法身份并使用，今天张先生想把这辆奔驰车卖掉，来到了公司咨询价格。小蔡接待了这位特殊的客户。小蔡心里没底，心想：这样的车辆能交易吗？

任务说明

鉴别非法车辆是在对车辆进行技术鉴定之前，评估师凭借专业知识和经验，判别车辆是否为走私、非官方正规渠道进口、非法拼装或盗抢车辆的工作过程。鉴别非法车辆需要结合车辆相关证件和车辆本身的检查，判定车辆的合法性。

学习目标

（1）了解走私车、拼装车与盗抢车的概念和来源。

（2）掌握鉴别走私车、拼装车和盗抢车的方法。

（3）能够结合证件和车辆检查，细致、严谨地鉴别出走私车、拼装车和盗抢车。

任务准备

工具：汽车产品目录，车辆档案资料，进口产品商验证明书，进口产品商验标志，随车证照，车辆。

任务实施

子任务一　鉴别走私车辆和拼装车辆					
序号	内容	讲解视频	序号	内容	讲解视频
步骤1	查看汽车型号		步骤6	检查发动机（重点）	
步骤2	查看发动机号和车架号（重难点）		步骤7	查看变速器	
步骤3	查看档案		步骤8	检查内饰材料	
步骤4	查验进口汽车档案				
步骤5	检查车辆外观（重点）				
子任务二　鉴别盗抢车辆					
序号	内容	讲解视频	序号	内容	讲解视频
步骤1	检查随车证照		步骤2	检查发动机号和车辆识别代码痕迹（重点）	

续表

子任务二　鉴别盗抢车辆					
序号	内容	讲解视频	序号	内容	讲解视频
步骤3	检查牌照新旧程度	▦	步骤6	检查车身颜色（重点）	▦
步骤4	检查车锁、车钥匙车门和点火装置	▦	步骤7	检查风挡玻璃所贴票证	▦
步骤5	检查玻璃（重点）	▦	步骤8	公安交管部门查询	▦

 实施要点

 自主学习资源

> **刨根问底——走私车和拼装车**
>
> 走私车辆：没有通过国家正常进口渠道进口的，并未完税的车辆。
>
> 拼装车辆：没有制造、组装机动车许可证的企业或个人，擅自使用报废或者不合格机动车的发动机、变速器、前后桥、车架以及其他零配件拼凑、组装的机动车。包括以下类型：
>
> （1）境外整车切割、境内焊接拼装车辆。
>
> （2）进口汽车散件、国内拼装的国外品牌汽车。
>
> （3）国内零配件拼装的国内品牌汽车。
>
> （4）旧车拼装车辆，即两台或者几台拼装成一台汽车。
>
> （5）国产或进口零配件拼装的杂牌汽车。
>
> 在二手车交易鉴别中，对于走私或拼装车辆，首先要确定车辆的合法性。其中有些车辆已被国家有关执法部门处理，并且技术状况良好，经过检验符合国家关于机动车行驶的标准和要求。这些车辆通过拍卖或其他方式，在公安车管部门注册登记并上牌，

取得了合法地位。这些二手车可以进行正常交易,但是在评估价格上要低于正常状态的汽车。另外一种是无牌、无证的非法车辆。

子任务一　鉴别走私车辆和拼装车辆

对于走私车辆和拼装车辆的鉴别方法如下。

步骤1:查看汽车型号

查看汽车型号,看是否在我国进口汽车产品目录上。若不在,则是"水货"。

步骤2:查看发动机号和车架号

将车辆的发动机号和车架号与车辆证件中的两个号码进行核对,另外查看车辆的发动机号和车架号是否有凿改、车架号是否是整体割下再焊接的情况。

提示引导

重点提示——会"变身"的发动机号和车架号

走私车辆由于涉嫌违法或手续不全,故是不能在车管所办理登记注册手续的。有些走私车主为了能够让车辆上路行驶,就会花高价为车辆购买一套"非法"身份的证件,这套证件全部是假的,而且套用与走私车辆品牌、型号、颜色,甚至是配置、内饰都一样的合法车辆的手续。

为了逃避警察的检查,走私车辆的发动机号和车架号也需要变成被套牌车辆的信息。

处理的手段有以下几种:第一种是直接在原有号码上凿改;第二种是将发动机号和车架号的板件换成新的已经刻印好新的发动机号和车架号的板件,处理手段很隐秘,如果不是经验丰富的评估师,则很难发现。

步骤3:查验档案

运用公安车管部门的车辆档案资料,查找车辆来源信息,确定车辆的非法性及来源情况,这是最直接、最有效的方法。

步骤4:查验进口汽车

对于进口汽车,必须查验进口产品商验证明书和商验标志。

步骤5：检查车辆外观

（1）检查车身是否有重新喷过油漆的痕迹，尤其是顶部以下风窗玻璃框处要特别注意，因为有一种最常见的走私车就是所谓的"割顶车"，走私者在境外从车顶以下风窗玻璃框处将汽车割成两部分，然后在境内再将两部分焊接起来，达到走私整车的目的。

（2）检查车身的曲线部位是否流畅，尤其是小曲线部分，留下的再加工痕迹会比较明显。

（3）检查门柱和车架部位是否有焊接的痕迹，查看车门、发动机盖、行李箱盖与车身的接合缝隙是否整齐、均衡，间隙是否过大等。

（4）用手从顶部开始向下触摸，如经过再加工处理，手感一定不会那么平整光滑。

步骤6：检查发动机

打开发动机盖，观察发动机室内各线路、管路布置是否有条理，安装是否平整，是否有重新装配和改装的痕迹；发动机和其他零部件是否有拆卸后重新安装的痕迹，是否有旧的零部件或缺少零部件。

步骤7：查看变速器

我国现有"水货"车中日本车较多，故右驾改左驾车较多。当走私者将右驾改左驾时，为了降低成本，不可能更换变速器，自动变速器的车右驾改左驾通过变速杆就可以识别，即变速杆的保险按钮仍在右侧，通过这一点可识别不少"水货"车，如图2-2-1所示。

图2-2-1　变速杆及保险按钮

知识应用

深度理解——进口汽车手续

进口车手续还是很多的。

（1）货物的进口证明书（又称"关单"），关单全称是货物进口证明书，也叫"场站收据"，是海关出具的收据。它是平行进口车的重要"身份证"，是海关凭以验关放行的重要证件，缺少了这个身份证明，平行进口车将无法办理上牌手续。关单内容可以辨别是哪款车，产地指的是最终生产地，并不是原产地，注意一定要保存好关单，一旦丢了补办特别麻烦。

（2）进口机动车的随车检验单（又称"商检"）商检也是平行进口车所必需的上牌手续，如果没有商检的话，则平行进口车是没有办法上牌的。

（3）车辆一致性证书。手续的品名不一致会导致上牌照困难，企业在车辆出厂时都附带1张经企业盖章和车辆一致性主管人员签字的车辆一致性证书，所以在买车时一定要记得索要。

（4）购车发票。发票在上牌时购买购置税时是必须有的，还要小心保存、不折叠等。

案例分析

社会案例——拼装车与改装车

步骤8：检查内饰材料

查看内饰材料是否平整、表面是否干净，尤其是压条边沿部分要仔细检查，经过再装配的车辆内饰压条边沿部分会有明显手指印或其他工具碾压过后留下的痕迹，车顶部装饰材料或多或少会留下弄脏后的印迹。

子任务二 鉴别盗抢车辆

车辆被盗窃时的方式有多种多样，它们被盗窃后所遗留下来的痕迹会有所不同，如撬开门锁、砸车窗玻璃、撬转向盘锁等，都会留下痕迹。同时，这些被盗抢赃车大部分都是经过一定修饰后，再将赃车卖出。

这类车辆的鉴别方法如下：

步骤一：检查随车证照

行驶证等随车证照是车辆的身份证，随车证照上登记的发动机号、车架号等是车辆身份的唯一凭证。因此，通过审查车辆与行驶证上的牌照、车型及发动机号、车架号是否一致来判断车辆的合法性。

步骤二：检查发动机号和车架号痕迹

（1）查看发动机号、车架号正反面是否有焊接、凿改的痕迹，钢印周围是否变形或有褶皱现象，如图2-2-2所示。

图2-2-2 发动机号

（2）用手触摸发动机号和车架号，感觉号码周围是否有大的起伏和凸起，如有，则改动过。

（3）用铁片、螺丝刀等硬物刮发动机号或车架号部位。正常号码是先打在金属板上，然后再进行喷漆处理，刮起来不易损坏，而焊接的车号则是用腻子在金属板上堆出号码再喷漆。

（4）用橡皮锤敲几下号码周围，被焊接的车号很可能有不牢固的地方，会出现裂缝或脱落现象。

（5）如果发现车龄很长，但车架号部分的油漆比较新，则可以用化油剂清洗号码，新上的漆会脱落，号码被打磨的痕迹就能显现出来。

步骤3：检查牌照与车辆新旧程度的相符程度

检查牌照号与车辆的新旧程度是否相符。一些犯罪分子为了逃避打击，常将盗抢来的机动车换上其他车的牌照甚至假牌照，这可能会造成车辆牌照与车辆新旧程度不相符的情况。遇到这种情况，可以到车辆管理部门核查该牌照所属的车辆情况，看看是否是原车牌照。如果牌照号与车辆种类、型号对不上，则这辆车肯定来历不明，如图2-2-3所示。

图 2-2-3　车辆牌照与车辆新旧程度一致

步骤 4：检查车锁、车钥匙、车门和点火装置

检查点火开关和车锁，看是否完好，有无更换痕迹并检查车钥匙，看是否是原配，如图 2-2-4 所示。犯罪分子往往采用破坏车锁和点火开关的方法将车盗走，然后换上新锁。在卸锁和换锁的过程中，肯定会在车锁或锁眼附近留下撬、划的痕迹。

图 2-2-4　车钥匙

步骤 5：检查玻璃

砸碎车玻璃进入车内进行盗窃，是犯罪分子经常使用的伎俩之一。汽车的所有原装玻璃都是相同型号的，犯罪分子后配的玻璃一定会与原车的玻璃有差异，这个差异可能体现在玻璃色泽上，也可能体现在品牌和型号上。另外，在打碎玻璃后，犯罪分子用铁丝钩开锁时可能会使前门的玻璃密封条松动或损坏。车玻璃标识信息如图 2-2-5 所示。

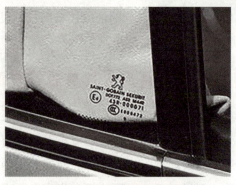

图 2-2-5　车玻璃标识信息

步骤6：检查车身颜色

为了掩人耳目，很多犯罪分子将被盗车辆重新喷漆，改变颜色后既不容易被发现，也便于销赃。尽管改变了车身颜色，但在发动机舱边缘、行李箱内侧、保险杠内侧以及其他边缘处仍能发现原车的底色。一旦发现车辆有整车重新喷漆的痕迹，则需要慎重考虑是否为合法车辆。

步骤7：检查风窗玻璃所贴票证

检查风窗玻璃所贴票证，犯罪分子在销赃过程中，怕有人通过票证看出问题，往往会将各种票证刮掉。

步骤8：公安交管部门查询

在公安交管部门查询。可以进入公安交管部门被盗车辆查询系统进行查询，掌握车辆的状态情况。被盗抢车辆从车主报案起，其档案资料就被公安车管部门锁定，不允许进行过户、转籍等一切交易活动。

 立德树人

职业道德——二手车市场的"防火墙"

同学们，你觉得在二手车市场有"走私车""拼装车"或"盗抢车"吗？

其实，在国内的二手车市场发展刚刚起步的时候，很多非法商贩都会利用管理和政策的漏洞，低价收购非法车辆，高价转手卖给不懂车的普通消费者，赚取巨额差价。随着市场管理的规范和相关政策法规的出台，这种情况越来越少。但是也有存在侥幸心理的商家，在利益面前触碰法律的底线，损害消费者利益。

二手车评估师作为查验二手车最直接的从业人员，在工作中，如果遇到非法车辆，收购价格很低，收购后经整备翻新，转手可以赚到很多的差价，同学们，你们该怎么做呢？

二手车评估师的工作职责除了鉴定车况和估价之外，还有一项重要的任务就是阻止非法车辆进入流通领域，担负起二手车市场的"防火墙"，保障消费者的利益，净化二手车市场，促进中国二手车市场健康、快速发展。

任务巩固与拓展

1. 任务巩固：简答题

班级：	姓名：	学号：
一、走私车和拼装车			
1. 车辆走私的目的是什么？走私的都是什么车？			
2. 车辆被切割后再焊接，外观上与没有被切割的车辆是一样的，其不一样的是什么？			
3. 对于走私车和非法拼装车，如何通过检查发动机号和车架号进行识别？			
4. 如何利用车辆档案识别走私车和非法拼装车辆？			
5. 如何通过车身技术鉴定来识别走私车和非法拼装车辆？			
6. 如何通过发动机舱技术鉴定来识别走私车和非法拼装车辆？			

续表

7. 如何通过内饰技术鉴定来识别走私车和非法拼装车辆？

二、盗抢车

1. 常见的盗抢手段有哪些？

2. 套牌车有几种形式？

3. 如何通过检查车窗玻璃识别盗抢车？

4. 如何通过查验车身颜色识别盗抢车辆？

2. 任务拓展

请同学对实训室 **K2** 车辆进行鉴定，判断其是否为非法车辆。

1. 检查发动号和车架号

车辆发动机号：_____；车架号：_____

与登记证书和行驶证上的号码是否一致：□是 □否

续表

2. 车辆发动机号和车架号是否切割后重新焊接：□是 □否   判断依据：
是否有凿改的痕迹，钢印周围是否变形或有褶皱现象：□是 □否   判断依据：
感觉号码周围是否有大的起伏和凸起：□是 □否   判断依据：
用铁片、螺丝刀等硬物刮发动机号或车架号部位，是否有损坏：□是 □否   橡皮锤敲几下号码周围，是否有脱落：□是 □否
3. 车辆是否有重新喷漆的现象：□是 □否   判断依据：
4. 检查门柱和车架部位是否有焊接的痕迹：□是 □否   判断依据：   查看车门、发动机舱盖、行李箱盖与车身的接合缝隙是否整齐、均衡，间隙是否过大：□是 □否   判断依据：
5. 检查车玻璃是否有更换过：□是 □否   判断依据：
6. 检查车牌照是否与车辆新旧程度一致：□是 □否   车牌是真是假：□真 □假   判断依据：
7. 车窗上的票证是否齐全：□是 □否   是否超期：□是 □否

续表

8. 发动机舱内各线路、管路布置是否有条理,安装是否平整:□是 □否
判断依据:

发动机和其他零部件是否有拆卸后重新安装的痕迹:□是 □否
判断依据:

是否有旧的零部件或缺少零部件:□是 □否
判断依据:

9. 点火开关是否完好:□是 □否
判断依据:

车锁是否完好:□是 □否
判断依据:

车钥匙是否是原配:□是 □否
判断依据:

10. 压条边沿是否平整,表面是否干净:□是 □否
判断依据:

车顶部装饰材料是否有弄脏后的印迹:□是 □否
判断依据:

11. 变速器:□手动 □自动
自动变速器变速杆的保险按钮在哪一侧:□左 □右

3. 评价标准

班级:		姓名:	得分:	
日期:		学号:		
序号	得分条件		分值	得分
1	能够找到发动机号和车辆识别代码,并能够正确与车辆证件核对一致性		5分	

续表

序号	得分条件	分值	得分
2	检查发动号和车辆识别代码是否被凿改或更换方法是否正确	5分	
3	能够通过观察和使用漆膜厚度仪,准确判断车辆是否有重新喷漆	5分	
4	能够正确检查车辆骨架结构及车辆覆盖件之间的缝隙	5分	
5	能够找到车辆玻璃信息标识,并正确判断玻璃是否更换	5分	
6	能够准确判断车辆牌照与车辆新旧程度是否一致	5分	
7	能够正确核对车玻璃上的票证	5分	
8	能够正确检查发动机舱情况	5分	
9	能够正确检查车锁、点火开关和车钥匙	5分	
10	能够细致地检查压条边缘和内饰	5分	
11	能够正确检查变速器	10分	
12	通过小组协作完成任务	10分	
13	小组成员全体参与	10分	
14	成员分工明确	10分	
15	检查细致严谨	10分	

自我分析与总结

学生改错:

学会的内容

学生总结：

 项目学习成果实施与测评

1. 项目学习成果名称：查验车辆手续，验明车辆合法性

班级：	小组成员：
核心内容 　　诚信二手车评估机构迎来了一位客户，车主希望给他的爱车起亚K2评估一个价格，作为交易的底价。评估师小蔡接待了这位顾客，通过沟通交流，赢得了客户的信任，客户打算将车辆交给小蔡评估。评估师小蔡引导客户签订委托书，并制定评估方案。之后小蔡检查车辆和证件，判断车辆可否交易	
基本要求 　　学生以小组为单位，参照"1+X"视频模拟，对照评价标准，协作完成本次任务。 　　任务1：热情礼貌接待客户； 　　任务2：与客户业务洽谈，了解客户需求；查看相关证件和实车，了解车主和车辆基本情况，努力赢得客户的信任，使客户愿意在本公司评估车辆，填写"鉴定评估委托书"，核对车辆和证件信息，填写工单并告知车主车辆可否交易。 　　任务3：上传视频、照片、任务单；视频声音清楚、画面稳定，评价项目录制清楚	
任务实施 　　每个小组2名同学扮演评估师，2名同学扮演客户，1名同学负责录像	
任务准备 　　客户的身份材料（两种类型车主：个人和企业），车辆的行驶证、机动车登记证书、机动车来历凭证、实车起亚K2；委托书；客户信息表；"1+X"二手车鉴定与评估模块考核系统；手电、平板电脑	

工单1：二手车鉴定评估委托书

_____二手车鉴定评估机构：

因 □交易 □转籍 □拍卖 □置换 □抵押 □担保 □咨询 □司法裁决需要，特委托你单位对车辆（号牌号码_____车辆类型_____发动机号_____车架号_____）进行技术状况鉴定并出具评估报告书。

附：委托评估车辆基本信息

车主		身份证号码/法人代码证		联系电话	
住址				邮政编码	
经办人				联系电话	
住址		身份证号码		邮政编码	
车辆情况	厂牌型号			使用用途	
	载重量/座位/排量			燃料种类	
	初次登记日期	年 月 日		车身颜色	
	已使用年限	年 个月	累计行驶里程/万公里		
	大修次数	发动机/次		整车/次	
	维修情况				
	事故情况				
价值反映	购置日期	年 月 日	原始价格/元		
	车主报价/元				
备注：					

填表说明：

1. 若被评估车辆使用用途曾经为营运车辆，则需在备注栏中予以说明。

2. 委托方必须对车辆信息的真实性负责，不得隐瞒任何情节，凡由此引起的法律责任及赔偿责任由委托方负责。

3. 本委托书一式二份，委托方、受托方各一份。

委托方：（签字、盖章）

受托方：（签字、盖章）　　　　　　　　　　　　　　经办人：（签字、盖章）

（诚信二手车鉴定评估机构盖章）

　　年　月　日　　　　　　　　　　　　　　　　　　　　年　月　日

工单 2：客户信息登记表

年　月　日

评估师：

<table>
<tr><td rowspan="3">车主信息</td><td rowspan="2">□是原车主</td><td>□单位车辆</td><td>单位名称</td><td></td></tr>
<tr><td rowspan="2">□个人车辆</td><td>车主姓名</td><td></td></tr>
<tr><td>联系方式</td><td></td></tr>
<tr><td></td><td>□不是原车主</td><td colspan="2">与车主关系：</td><td>联系方式：</td></tr>
<tr><td>评估目的</td><td colspan="4">□交易　□转籍　□拍卖　□置换　□抵押　□担保　□咨询　□司法裁决</td></tr>
<tr><td rowspan="12">车辆信息</td><td colspan="4">车辆类别：□汽车　□拖拉机　□摩托车</td></tr>
<tr><td colspan="2">厂牌型号：</td><td>购买日期</td><td></td></tr>
<tr><td colspan="4">燃料种类：□汽油　□柴油　□新能源</td></tr>
<tr><td colspan="4">新能源汽车种类：□纯电动汽车　□混合动力汽车　□燃料电池电动汽车
　　　　　　　　□氢发动机汽车　□其他新能源汽车</td></tr>
<tr><td>初次登记日期</td><td></td><td>行驶里程</td><td></td></tr>
<tr><td>车辆来历</td><td></td><td>户籍</td><td></td></tr>
<tr><td>使用性质</td><td></td><td>手续齐全</td><td>□是　□否</td></tr>
<tr><td rowspan="2">事故情况</td><td colspan="3">□无</td></tr>
<tr><td colspan="2">□有，位置：</td><td>更换部件：</td></tr>
<tr><td>车辆技术状况</td><td colspan="3">□好　□较好　□一般　□差</td></tr>
<tr><td>车辆大修次数</td><td colspan="3"></td></tr>
<tr><td>车辆选装件</td><td colspan="3"></td></tr>
<tr><td>备注</td><td colspan="4"></td></tr>
</table>

2. 项目学习成果测评标准

班级：	小组成员：	
项目	评价得分点	分值
1. 礼貌接待客户，明确评估目的	大方进行自我介绍，弯腰双手递送名片	3分
	明确客户需求	3分
	礼貌将客户引领至洽谈区	3分
	环节衔接自然流畅，符合实际	5分
	团队成员配合默契	5分
2. 业务洽谈，明确要求和信息	了解车主信息	3分
	了解车辆信息：品牌，使用时间，车辆用途，维修保养情况，车辆是否抵押拍卖，填写车辆信息	3分
3. 查验可交易车量，检查证件	检查证件是否齐全	3分
	检查证件真假	3分
	核对身份证照片与顾客一致	3分
	核对证件信息一致性	3
	拍照：身份证，驾驶证（主副页），登记证书，购置税，保单，来历凭证	3分
	告知客户资料是否齐全、有效，是否需要补办	3分
	检查仔细，没有遗漏	3分
	业务熟练，操作符合"1+X"行业规范	5分
	团队成员配合默契	5分
4. 验车	查验VIN码和发动机号是否有凿改，与登记信息是否一致	3分
	核对机动车号牌和车辆照片	3分
	核对风窗玻璃下面VIN码	3分
	有条不紊展开工作，检查细致，方法准确	5分
5. 拍照	对风窗玻璃下面的VIN码拍照	3分
	对机动车号牌拍照	3分
	对年检标志和交强险标志正反面拍照	3分
	拍照没有遗漏，图片清晰	3分
6. 登记车辆信息，签订委托书	登记车辆信息	3分
	与车主确定评估基准日	3分
	与客户签订委托书，一式两份，一份车主保存	3分
	资料整理后，礼貌还给车主	3分
	对后续工作安排告知车主	3分
	礼貌送走客户	3分

项目三 二手车车况鉴定

项目导读

本项目主要介绍了二手车技术状况检查的方法,通过学习掌握静态检查及动态检查等各种检查项目和检查方法,能够识别出事故车辆,能够对汽车的性能做出技术评估,从而为二手车价格评估提供合理的依据。

学习目标

(1) 事故车鉴定的项目和方法。

(2) 车辆静态检查的项目和方法。

(3) 车辆动态检查的项目和方法。

(4) 能够通过协作,完成车辆的静态检测和动态检查项目,操作规范,方法恰当,鉴定结果准确。

(5) 能够通过对车辆进行技术鉴定,识别出事故车,包括碰撞类事故车和泡水车。

(6) 在不拆卸车辆零部件的情况下,能够恰当地使用各种检测设备。

项目实施

评估师在对车况进行鉴定的过程中,可以借助简单的工具或设备对车辆进行检查,但是不能拆卸任何一个零部件,所以这就要求评估师根据经验和准确的分析,判断车辆的技术状况。

任务一　事故车判定

任务导入

评估师小蔡听同事谈起另外一家公司刚刚收购了一辆二手车，价格很便宜，以为会有很可观的利润，结果在对车辆进行细致的检查时才发现这是一辆出过严重交通事故的二手车，这辆车的车主隐瞒了事实，并且没有查到相关出险记录。小蔡没有评估事故车辆的经验，担心自己也会遗漏事故车的检查线索，所以赶紧去找经理，希望经理能教他几招鉴别事故车的方法。

任务说明

判别二手车是否为事故车辆是对车辆进行技术鉴定的最主要的目的，只有在排除了事故车之后，才能对车辆进行静态检查和动态检查。如果车辆为事故车辆，就不需要再对车辆鉴定技术进行鉴定和价值评估。

学习目标

（1）判定事故车辆的方法。
（2）判定事故车辆的技巧。
（3）能够通过小组成员之间的合作，使用简单的工具鉴别碰撞类事故车。
（4）能够通过认真、细致地检查细节，判断出是否是泡水事故车。

任务准备

工具：漆膜厚度仪，手电筒，卷尺，整车。

任务实施

子任务一　鉴定碰撞类事故车					
序号	内容	讲解视频	序号	内容	讲解视频
步骤1	检查车辆周正情况		步骤3	检查车辆侧面（重点）	
步骤2	检查车头（重点）		步骤4	检查车辆尾部（重点）	
			步骤5	检查车辆底盘	

子任务二　鉴定泡水事故车					
序号	内容	讲解视频	序号	内容	讲解视频
步骤1	查看车辆外观		步骤3	查看内饰	
步骤2	查看发动机舱（重点）		步骤4	查看行李箱	

续表

序号	内容	讲解视频	序号	内容	讲解视频
步骤5	查看底盘				

实施要点

子任务一　鉴定碰撞事故车

汽车在行驶中难免发生碰撞，在二手车评估中，并不是所有发生过碰撞的车都属于事故车的范畴。车辆在发生碰撞后导致车的结构部件，比如横梁、纵梁、悬架系统、ABC柱等车身骨架变形，则称为事故车。在检查时要仔细，发现蛛丝马迹就要认真查下去，以保证不漏查事故车。发生事故时，车辆可能受到来自前部、侧面或后部的冲击载荷而产生不同程度的损坏。

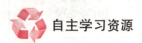
自主学习资源

> **刨根问底——什么样的车辆才是事故车？**
>
> 　　开车上路，遇到车辆追尾、剐蹭等交通事故，在所难免，类似这样出过小事故的车辆是事故车吗？
> 　　事故车是指由非自然损耗而引发的事故，造成车辆伤损，导致机械性能、经济价值下降，存在极大安全隐患的车辆。同时，泡水车、火烧车等也都属于事故车。
> 　　其中碰撞事故车，包括正面碰撞、侧面碰撞、后补碰撞。在二手车评估中，并不是所有发生过碰撞的车辆都属于事故车的范畴，车辆在发生碰撞后导致车的结构部件，例如横梁、纵梁、悬架系统、ABC柱等车身骨架变形，则称为事故车。
> 　　泡水车是指经过水浸泡的车辆，一般是指引线被水泡过，浸水深度超过车轮的1/3，车身底部部件与水长时间接触的机动车。
> 　　火灾车辆的原因有两种：一种是由于车辆自身电器线路老化、过载、短路引起的火灾，如果断电及时，那么损失一般可以控制在线路部分，只需要更换线束即可；另一种是车辆燃烧面积比较大、燃烧时间较长、过火严重的车辆，这种车辆金属变脆，内部组织发生变化，不能继续使用，否则事故频发，常做报废处理。

步骤1：检查车辆周正情况

检查车身是否发生过碰撞，可站在车的前部观察车身各部的周正、对称状况，特别注意观察车身各接缝，如出现不直、缝隙大小不一、线条弯曲和装饰条有脱落或新旧不一现象，说明该车可能出现过事故或修理过。检查车辆周正情况，通常有以下三种方法。

（1）从汽车的前面走出 5 m 或 6 m，蹲下沿着轮胎和汽车的外表面向下看汽车两侧。在两侧，前、后车轮应该排成一线。然后走到汽车后面进行同样的观察，前轮和后轮应该成一条直线。如果不是这样，则车架或整体车身弯曲，如图3-1-1所示。如果左侧前后轮和右侧前后轮相互成一条直线，但一侧车轮比另一侧车轮更凸出车身，则表明汽车曾碰撞过。

图3-1-1　检查车身周正情况

（2）蹲在前后车轮附近，检测车轮后面的空间，即车轮后面与车轮罩后缘之间的距离，用直尺测量，再转到另一前轮，测量车轮后面和车轮罩之间的距离，该距离应该与另一前轮大致相同，如图3-1-2所示。如果发现左前轮或左后轮和它们的轮罩之间的距离与右前轮或右后轮的相应距离大有不同，则说明车架整体车身发生了弯曲变形。

图3-1-2　测量车轮与车轮罩后缘之间的距离

（3）看横贯车辆首尾的"腰线"，这三条线的流畅度非常重要，如果不流畅，侧面可能遭受严重撞击，但如果是轻微损伤，则修复后基本能保持原貌，如图3-1-3所示。

图 3-1-3　检车三条线的流畅度

步骤 2：检查车头

汽车的正面碰撞事故在汽车事故中占比很大，即使一次小碰撞，也会导致前端保险杠受损后移、车灯受损和翼子板前端受损。中度的正面碰撞会伤及保险杠支架，使车灯受损，散热器框架、发动机舱盖、前翼子板产生严重变形。前纵梁弯曲变形如图 3-1-4 所示，如果冲击力再大，在车头前端变形的同时，会造成汽车骨架的纵梁梁头、发动机舱翼子板发生变形褶皱，甚至 A 柱（特别是前车门上部铰安装部分）和风窗玻璃受损。

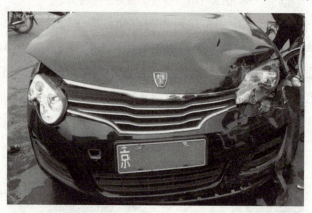

图 3-1-4　正面碰撞

（1）检查漆面。

查看漆面是否有大面积的修复痕迹或整个钣金件是否进行过更换，可着重排除该位置是否曾发生过较大事故。在查看车漆方面，可利用漆膜测厚仪进行验证。

（2）检查缝隙。

对比车头前端接缝是否一致，尤其是保险杠、车灯、发动机舱盖、翼子板之间的缝隙，若发现缝隙大小不一致，则极有可能是钣金件拆卸后再次安装时未匹配到位。通过

图3-1-5可以看出，保险杠与翼子板的缝隙上下大小不一致。

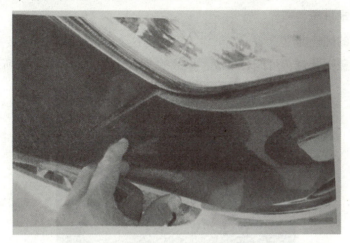

图3-1-5 正面碰撞

（3）机舱整体性。

打开发动机舱盖观察整个机舱的整体性。经过长时间使用的车辆，发动机舱内都会有很多灰尘，这属于很正常的情况。但如果某一部位明显比其他地方更干净，则需要留心，有可能该部分进行过维修。可以拿一般卷尺丈量一下从前减震器上支架到前大灯的距离，用对角线的方式进行测量，测出来的两个数据应一样或误差在 5 mm 之内，都算正常，如图3-1-6所示。

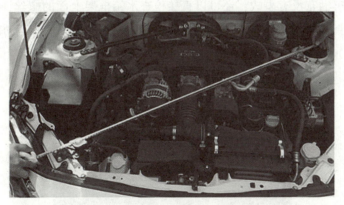

图3-1-6 发动机舱对角线测量

 提示引导

重点提示——漆膜厚度仪使用规范

(4)检查螺栓。

第一颗：发动机舱盖螺丝。

发动机舱盖的螺丝非常重要，一般没人会去拆这个螺丝，因此，只要是发现螺丝漆面破损，就证明机盖拆装过，可能有事故，事故的大小另说，如图3-1-7所示。

图3-1-7 发动机舱盖螺丝

第二颗：水箱框架螺丝。

如果看不出车辆有没有事故，还可以直接检查水箱框架上面的螺丝，位于车辆水箱风扇的上方，再检查一下旁边前照灯的固定螺丝，如果这里完好，则车辆前端就能排除事故，如图3-1-8所示。

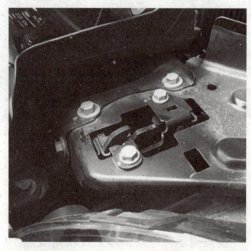

图3-1-8 水箱框架螺丝

第三颗：左右翼子板螺丝。

翼子板两边都有，也就是机舱一左一右，这里的螺丝拆卸很可能是喷漆拆卸。因此，检查前端有无事故的三个重要部位，即发动机舱盖螺丝、翼子板螺丝、散热器框架螺丝，如图 3-1-9 所示。

图 3-1-9　左右翼子板螺丝

第四颗：减震器顶螺丝。

减震器上方的螺丝能辅助判断减震器是否拆卸，或者更换原件，如图 3-1-10 所示。

图 3-1-10　减震器顶螺丝

第五颗：锁扣螺丝。

车门锁锁扣，这个锁扣要看里面有没有被螺丝刀破坏漆面，如果车门和它都有拆卸过，则说明可能存在事故，可以选择放弃，如图 3-1-11 所示。

图 3-1-11　锁扣螺丝

第六颗：车门螺丝。

车门拆装说明有大的碰撞不好修复，所以需拆下来修复，如果没有能力检测车的边框，则可以选择放弃这辆车，如图 3-1-12 所示。

图 3-1-12　车门螺丝

第七颗：行李箱锁扣螺丝。

行李箱如果被追尾过，轻则拆卸尾门进行钣金喷漆，重则拆卸更换尾门并更换备胎坑，因此，检查连接螺丝即可判断车子受伤是否严重，因为小剐蹭不需要拆卸以上螺丝。

（5）检查发动机罩。

汽车轻微的正面碰撞，发动机罩损伤较轻，经过简单钣金修复和喷漆即可复原，此时应注意观察发动机罩漆面颜色与车身其他部位颜色是否存在色差，铰链是否有损坏。如果车辆经过较严重的正面碰撞，则发动机罩需要更换，此时应检查发动机罩与翼子板之间的缝隙是否均匀、整齐，如图 3-1-13 所示。

图 3-1-13　铰链损坏

（6）检查保险杠。

保险杠能有效地保护车身，并有利于减轻被撞人或物的伤害程度及美化轿车外形，车辆在检查时应检查保险杠外形是有修复或更换；检查吸能器的固定轴和固定板是否弯曲，橡胶垫是否撕裂，当固定轴出现弯曲或橡胶垫移位时，吸能器就必须予以更换，如图 3-1-14 所示。

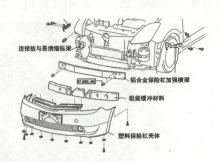

图 3-1-14　检查保险杠

(7) 检查散热器支架。

检查散热器支架，仔细观察散热器支架是否经过维修，检查散热器支架两端的密封剂及标牌是否完好。如果密封剂、漆面有维修痕迹，则意味该车前部有过碰撞损伤。

(8) 检查水箱支架和水箱。

检查水箱支架和水箱看是否有变形修复或更换过的痕迹。若水箱支架损坏，则判断碰撞有可能殃及了发动机或车架。另外，可通过观察新换的零部件和原厂配件的标识及厂商信息来判断是否被更换过。

(9) 检查前翼子板。

检查翼子板紧固螺钉是否有维修过的痕迹，检查其表面腰线是否规整。用手指轻轻敲击表面，判别是否有打磨迹象。如果声音浑厚，则进行过打磨和喷漆。钢制翼子板变形后可经过钣金校正修复；玻璃纤维与塑料翼子板上的凿孔和破碎可用玻璃纤维修补剂修复，如图 3-1-15 所示。

图 3-1-15　前翼子板修复前后对比

(10) 检查前纵梁。

前纵梁是车身的骨架，影响乘客的安全性及关键部件的安装尺寸。车辆的纵梁前方属于吸能区，一旦发生碰撞就会产生溃缩，即使修复后也很容易看出来，所以查看前纵梁是排查事故车的重要区域。

在排查前纵梁时一定要注意细节，如果前纵梁有过褶皱痕迹，则说明很有可能发生过碰撞；如果褶皱痕迹不明显，可以仔细查看下前纵梁两侧的漆面是否一致，如果两侧漆面不一致或有过脱落，那么同样说明前纵梁有过碰撞，而前纵梁一旦发生形变，就说明车子的水箱等部件会发生损坏，如图 3-1-16 所示。

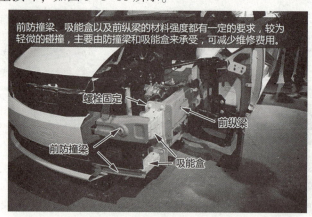

图 3-1-16　前纵梁

步骤 3：检查车辆侧面

汽车侧面受到撞击时，常常会导致前、后翼子板、车门、中柱，甚至车身底板发生弯曲变形。若碰撞严重，则前翼子板和后翼子板受到的冲击会一直传递到车辆的另一端。在这种情况下，悬架会受到损伤，车轮定位会发生改变，如图 3-1-17 所示。

图 3-1-17　侧面碰撞

（1）检查车漆。

查看车身侧面是否是原厂漆，查看方法与前部碰撞一致，值得强调的是，可通过对比前后车门的色差来判断是否做过喷漆。

（2）检查缝隙。

站在汽车侧面查看整个车身腰线是否平滑自然，车辆在修复时，往往会因为钣金工艺参差不齐使得汽车线条无法完全恢复。在观看腰线的同时，仍应留心汽车钣金件之间的缝隙是否一致。

（3）检查车门。

汽车车门侧面受到碰撞时，常常会导致车门、车身中柱，甚至车身底板都发生弯曲变形，车门检查时要多次开关车门。如果关闭车门听见"嘭、嘭"声音，则说明车门密封良好；检查车门与车身的配合间隙，如果间隙较大，则说明该车门有过事故。检查玻璃的年份标签是否与车本身生产年份一致。如果编码年份不一致,则说明该车有过较大事故,玻璃曾经更换过。

(4) 检查前围板及仪表板损伤评估。

现代汽车的前围板和仪表板通常焊接在前底板、左右车门槛板和前门胶链立柱上。当车辆 A 柱侧面受到严重撞击时会造成前围板损伤,检查前围板是否有损伤。

仪表板总成安装在前围板上的仪表板上,检查仪表台紧固是否松动、位置是否正确。

(5) 检查 A、B、C 柱。

检查 A 柱、B 柱、C 柱的平滑度,判断是否有修复痕迹,可借用漆膜测厚仪查看。

把车门密封条拉下来之后,可以看到门框与门柱处于平行状态,有焊点的地方应该呈圆形并且略有凹陷的状态。如果焊点粗糙且排列不均,且 A 柱、B 柱、C 柱的两侧油漆存在色差,则怀疑是事故车。

(6) 检查车门槛板。

将车门槛内口密封胶条掰开,或将门槛板内饰板拆开,观察是否有维修过的痕迹。如果有更换过的痕迹,则说明该车可能发生过严重事故。

(7) 车顶。

车顶包括前后横梁、侧边纵梁和一大块金属板。按照检查钣金件的方法进行检查,主要是检查平整性与车漆,漆面可用漆膜厚度仪检测。

步骤 4:检查车辆尾部

当汽车受到来自后方的碰撞时,若冲击力较小,则后保险杠、后车灯受损;如果冲击力较大,则后围板、车尾行李箱盖和车身底板、后翼子板及后纵梁会因冲击而产生溃缩,如图 3-1-18 所示。

图 3-1-18 后面碰撞

车辆尾部检查方法如下:

(1) 检查汽车整体周正性和车漆。

与汽车前端碰撞同理,后部碰撞事故的鉴定仍需要先从汽车整体周正性和车漆方面查看,例如行李箱盖、车灯、后保险杠之间的缝隙是否一致,缝隙之间是否有做漆痕迹,两个后尾灯新旧是否一致,行李箱盖的固定螺栓有无修复痕迹。再仔细查看行李箱盖边缘(黏结剂)是否自然,有无修复痕迹。现在大部分车辆装配了倒车雷达系统,如果车辆发生后部碰撞损伤,评估价格时要注意检查倒车雷达系统是否损伤。

（2）检查行李箱。

打开行李箱盖检查整个行李箱的平整度，备胎箱底板、后翼子板及后避震器支架内衬板和内部接缝线条是否平整、顺滑，有无烧煤痕迹。备胎坑四面应该很光滑，没有凹凸不平，里面线束饰板没有任何油漆。

步骤5：检查车辆底盘

在事故车排查的最后应将车辆架起，看底盘是否有受损、拖底，如图3-1-19所示。其中主要观察纵梁、横梁是否有异样，看大梁有无弯曲、开裂，以及二次焊接的痕迹，减震器座有无焊接、切割、整形、变形的状况。一般发生过严重事故的，即便修理得很好，也会出现修复的痕迹。如果是小冲击，漆面会因振荡而产生裂纹，梁体就会锈蚀。查看发动机、变速箱以及水箱等处是否有漏油、渗水，以及整体的底盘锈蚀程度。

图3-1-19　检查底盘是否状态良好

子任务二　鉴定泡水事故车

 知识应用

> **深度理解—泡水车**
>
> 　　泡水车是指经过水浸泡的车子，一般是指引线被水泡过，浸水深度超过车轮的1/3，车身底部部件与水长时间接触的机动车。泡水车按照损害严重程度分为三类：第一类是水深超过车轮，并涌入了车内；第二类是水深超过了仪表盘（仪表工作台）；第三类是积水漫过车顶。在这三类情况中，第一类最为常见，危害性相对后两类要小很多，修复后对日常使用影响不大；而后两类，水深超过了中控台或者直接没顶的车辆，就算修复后也存在安全隐患，如图3-1-20所示。
>
>
>
> 图3-1-20　泡水车

现在汽车内部都有着很多的电子控制系统，混合后的雨水杂质很多，腐蚀性也很强，会严重损害车辆的电路。比如发动机 ECU、ABS 系统、SRS 系统，等等，这些系统一旦遭到雨水侵蚀，其可靠性就无法保证了，而且故障难以检测。而车内一旦经过水泡，材质会变形、变粗糙，还会产生异味，久久不能散去；车内的仪表、音响等装置，也无法恢复如初，而且泡水车底盘长时间在脏水中浸泡，防锈涂层会遭到破坏，底盘腐蚀会相对严重很多。车辆在水淹后外观一般没有太大的变化，但水淹后的操作或维修不当造成发动机及电柱系统损坏的情况很常见。同时由于有些砂石是无法清理的，留在一些齿轮或者皮带处会造成某些部件损坏。

步骤 1：查看车辆外观

泡水车与正常车辆在外观方面不易区分，但可以查看汽车的车灯。如果车灯内明显发黄，则有可能是泡水所致。如果大灯组的新旧程度与车辆年份明显不符合，也应留心。

雾灯是车辆外观上被关注最少的一项配置，绝大部分二手车整备时会忽略雾灯。因此，雾灯是否有进水的痕迹，也是辨别泡水车的一种方法。注意，由于雾灯位置普遍较低，有些车辆过涉水路段时雾灯也可能会进水，因此看雾灯也仅仅是一种参考手段。

步骤 2：查看发动机舱

首先打开发动机舱，观察电线插头各处有无氧化现象。泡水较深的汽车，在发动机和变速箱上各个传感器的插头里的水分很难完全被处理掉，常常发生氧化反应，有绿色铜锈、黄色铁锈，电线绝缘壳内易有污泥（见图 3-1-21），这些是没有办法清洗的。这是鉴别是否为泡水车最为明显的方法之一。

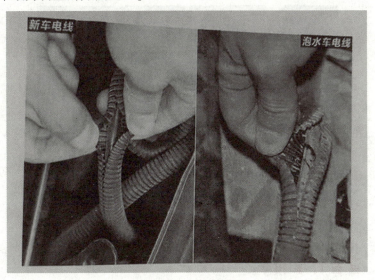

图 3-1-21　电线的对比

查看发动机的金属质地和其他金属部件是否存在着一些霉点,如果全车金属都有霉点,则这辆车在很大程度上是泡水车,但是如果只是部分金属出现这样的问题,也有可能只是车辆长期放置在潮湿的地方才导致这样的问题。另外,泡水车由于有一些砂石是没有办法清理的,留在齿轮或者皮带处,所以会导致某些部件容易损坏,并伴随异响。检查保险丝盒,正常保险丝为亮银色,经过浸泡后的保险丝失去光泽,而且会有一些霉点。泡水后的车辆(不点火的情况下)影响最大的就是电源问题,电源问题通常不能完全修复,而且修复后的电路问题也会在短则3个月、长则1年或更长时间发作,具体症状是没有故障也会亮起故障灯及大灯无故打开等。总之可以通过整体和细节查看并判断车辆发动机舱的锈蚀情况。

步骤3:查看内饰

鉴定时进入汽车内部查看前后排座椅,查看弹簧及内套绒布有无残留的污泥,是否伴有霉味,因为泡水后的霉味无法完全清除,所以如果把车门关闭后,闻到一阵霉臭味,那么这辆车在很大程度上就是泡水车了。中控台的皮质材料在泡水后颜色会变深,而且会出现有些地方深有些地方浅的情况,仔细闻一下,也会闻到霉味。仔细检查前后门中间的B柱,如果塑料饰板没有更换,则可以发现泡水高度的水线印记。撬开塑料饰板,可以查看B柱内死角接缝处不易清洗的污泥和水线印记。还可以检查前后风窗玻璃胶条,从车内将其拉开,如果有污泥,则怀疑该车为泡水车。

如果泡水水位较高,空调进风口和安全带等处的水难处理掉,则将安全带尽量拉长,检查其色差(见图3-1-22),以及空调进风口有无淤泥、泥沙。特别注意整车的每个地方,如果发现有泥沙,则应该特别注意是不是泡水车。此外还应查看金属部件的锈蚀情况,例如座椅滑轨、脚踏板的锈蚀,掀开地毯看底板的锈蚀情况。

图3-1-22 安全带抽拉检查

步骤4:查看行李箱

掀开行李箱查看钢铁处有无锈蚀,如备胎轮辋、随车工具等,如有明显锈蚀,则应引起重视，如图 3-1-23 所示。

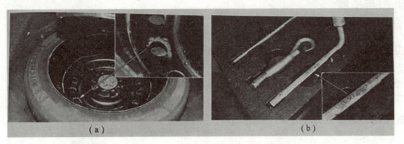

图 3-1-23　备胎盆内的金属的锈蚀

步骤 5：查看底盘

泡水车鉴定最直接、最快捷的办法就是看底盘。检查发动机底壳、变速箱底壳这些铝制部件是否有类似发霉的情况，检查排气管的锈蚀情况，一般车辆经过长时间使用，经过雨水的侵蚀，排气管有轻微锈蚀或者泛红是正常的，但如果出现如图 3-1-24 所示这样严重的锈蚀情况，就证明该车一定被水泡过。

图 3-1-24　泡水的汽车底盘与正常车辆对比

 自主学习资源

更多案例——火灾车的检查

二手车鉴定评估与交易

 任务巩固与拓展

1. 任务巩固：简答题

班级：	姓名：	学号：

1. 判别事故车时，需要对车辆的哪些部位进行重点检查？

2. 看图分析，为什么车辆的前后纵梁被撞击变形，即使修复，车辆的安全性也会大大降低？

分析：_____

3. 车辆的 A、B、C 柱有什么作用？

分析：_____

4. 列举出你所了解的泡水车和过火车的特点。

2. 任务拓展

请同学们判别实训室车辆起亚 **K2** 是否是事故车，并记录信息。

1. 车体左右对称性的检查		
	车辆右前方 45°	检查项目及结果
		车身腰线顺畅：□是 □否 各个部件接缝均匀：□是 □否 前后车门是否变形：□是 □否 前后车门是否存在色差：□是 □否 前翼子板是否变形：□是 □否 前翼子板是否喷漆：□是 □否 左右部件是否对称：□是 □否 结果描述：
	车辆左前方 45°	车身腰线顺畅：□是 □否 各个部件接缝均匀：□是 □否 前后车门是否变形：□是 □否 前后车门是否存在色差：□是 □否 前翼子板是否变形：□是 □否 前翼子板是否喷漆：□是 □否 左右部件是否对称：□是 □否 结果描述：

2. 左 A 柱、左 B 柱、左 C 柱的检查		
	左 A 柱	检查项目及结果
		修复：□是 □否 变形：□是 □否 更换：□是 □否 可见伤：□有 □无 结果描述：

续表

2. 左A柱、左B柱、左C柱的检查		
	左B柱	修复：□是 □否 变形：□是 □否 更换：□是 □否 可见伤：□有 □无 结果描述：_____ _____
	左C柱	修复：□是 □否 变形：□是 □否 更换：□是 □否 可见伤：□有 □无 结果描述：_____ _____

3. 车头部分右前纵梁、左前纵梁、右前减震器悬挂部位、左前减震器悬挂部位的检查		
		检查项目及结果
	右前纵梁	修复：□是 □否 变形：□是 □否 更换：□是 □否 结果描述：_____ _____
	左前纵梁	修复：□是 □否 变形：□是 □否 更换：□是 □否 结果描述：_____ _____
	右前减震器悬挂部位	修复：□是 □否 变形：□是 □否 更换：□是 □否 结果描述：_____ _____
	左前减震器悬挂部位	修复：□是 □否 变形：□是 □否 更换：□是 □否 结果描述：_____ _____

续表

4. 右A柱、右B柱、右C柱的检查		检查项目及结果
	右A柱	修复：□是 □否 变形：□是 □否 更换：□是 □否 可见伤：□有 □无 结果描述：_____ _____
	右B柱	修复：□是 □否 变形：□是 □否 更换：□是 □否 可见伤：□有 □无 结果描述：_____ _____
	右C柱	修复：□是 □否 变形：□是 □否 更换：□是 □否 可见伤：□有 □无 结果描述：_____ _____
5. 车后部、行李箱		检查项目及结果
	左右减震器悬挂部位	修复：□是 □否 变形：□是 □否 更换：□是 □否 结果描述：_____ _____
	行李箱两侧缝隙	发霉味：□有 □无 结果描述：_____ _____
	备胎轮毂	霉斑：□有 □无 结果描述：_____ _____
	随车工具	锈蚀：□有 □无 结果描述：_____ _____

续表

6. 打开左前车门（驾驶位）/行李箱			
	驾驶室（内饰）气味	检查项目及结果	
		发霉味：□有 □无	
		结果描述：	
	行李箱气味	检查项目及结果	
		发霉味：□有 □无	
		结果描述：	

7. 打开发动机舱盖			
	散热器、线束接合部位、各设备接缝处	检查项目及结果	
		污泥：□有 □无	
		锈蚀：□有 □无	
		水淹痕迹：□有 □无	
		结果描述：	
	防火墙	水淹痕迹：□有 □无	
		结果描述：	

8. 检查驾驶室（内饰）			
	安全带末端	检查项目及结果	
		污泥：□有 □无	
		水淹痕迹：□有 □无	
		结果描述：	
	驾驶室内底板	污泥：□有 □无	
		水淹痕迹：□有 □无	
		结果描述：	
	前排座椅滑轨、后排座椅底部金属部件	锈蚀：□有 □无	
		结果描述：	

续表

8. 检查驾驶室（内饰）		
	检查项目及结果	
	制动踏板连接处	锈蚀：□有 □无 水淹痕迹：□有 □无 结果描述：_____
	加速踏板连接处	锈蚀：□有 □无 水淹痕迹：□有 □无 结果描述：_____

9. 检查前后风窗玻璃缝隙		
	检查项目及结果	
	前风窗玻璃缝隙（车内）	污泥：□有 □无 结果描述：_____
	后风窗玻璃接缝（车内）	污泥：□有 □无 结果描述：_____

10. 检查底盘		
	检查项目及结果	
	举升高度	_____
	注意事项	举升过程中，车底禁止站人
	发动机	锈蚀：□有 □无 结果描述：_____
	排气管	锈蚀：□有 □无 结果描述：_____
	固定螺钉	锈蚀：□有 □无 结果描述：_____

3. 评价标准

班级：	姓名：	得分：	
日期：	学号：		

序号	得分条件	分值	得分
1	车体左右对称性检查方法正确、规范	5分	
2	左A、B、C柱检查方法正确、规范	5分	
3	左前纵梁检查方法正确	5分	
4	右前纵梁检查方法正确	5分	
5	左前减震器悬挂部位检查方法正确、规范	5分	
6	右前减震器悬挂部位检查方法正确、规范	5分	
7	右A、B、C柱检查方法正确、规范	5分	
8	左后减震器悬挂部位检查方法正确、规范	5分	
9	右后减震器悬挂部位检查方法正确、规范	5分	
10	泡水车发动机舱检查方法正确、操作规范	5分	
11	泡水车驾驶室（内饰）检查方法正确、操作规范	5分	
12	泡水车行李箱、底盘检查方法正确、操作规范	5分	
13	能够正确地使用各种检测工具	5分	
14	检测过程完整、规范	5分	
15	通过小组协作完成任务	10分	
16	小组成员全体参与	5分	
17	成员分工明确	5分	
18	检查细致严谨	10分	

自我分析与总结

学生改错：	学会的内容

学生总结：

任务二　车辆静态检查

任务导入

随着我国二手车出口政策的落地实施，诚信二手车公司最近开展了一项新业务：对出口车辆进行技术鉴定，经理给小蔡安排了100辆二手车的评估工作，并且要求小蔡注重对车辆的静态检查。这么多的评估车辆，小蔡能够按要求完成吗？

任务说明

车辆静态检查是车辆技术鉴定的重点，很多事故车都是通过静态检查发现的；另外车辆只有经过静态检查后，才能进行动态检查。车辆在静止状态下，对车身、发动机舱、驾驶舱、行李箱、底盘各总成进行详细的检查，进而发现车辆的缺陷，判断车况。

学习目标

（1）车辆静态检查的流程、项目和方法；
（2）根据静态检查，准确判断车辆技术状况。

任务准备

工具和用品：一个笔记本，各检查项目作业表，一支笔，一个手电筒，一个U盘（带音乐），钢直尺，漆膜厚度仪，轮胎花纹深度尺，一个小型工具箱（包括成套套筒棘轮扳手、一个火花塞套筒扳手、各种旋具、一把尖嘴钳子和一个轮胎撬棒），一块小磁铁，一块万用表，安全帽，手套，一段300~400 mm的清洁橡胶管或塑料管，一大块旧毛毯或帆布，一些纸巾。

二手车拍照时需要准备：一个照相机，一辆二手车，适合的场地，车辆登记证书，车辆行驶证，交强险正本和副本，车主身份证或军官证、护照，公司客户营业执照副本。

任务实施

子任务一：检查车身					
序号	内容	讲解视频	序号	内容	讲解视频
步骤1	检查车门车窗		步骤4	检查前后风窗玻璃及车窗玻璃	
步骤2	检查保险杠、前后翼子板、发动机舱盖、行李舱盖及车灯		步骤5	检查轮胎	
步骤3	检查后视镜、前后刮水器		步骤6	检查车身油漆（重点）	
子任务二 检查发动机舱					
序号	内容	讲解视频	序号	内容	讲解视频
步骤1	检查发动机舱盖及发动机舱清洁情况		步骤4	检查点火系统及供油系统	
步骤2	检查发动机冷却系统		步骤5	检查发动机进气系统	
步骤3	检查发动机润滑系统（重点）（难点）		步骤6	检查发动机舱其他部件	

续表

子任务三　检查驾驶舱					
序号	内容	讲解视频	序号	内容	讲解视频
步骤1	检查前排内饰		步骤2	检查后排内饰	

子任务四　检查行李箱					
序号	内容	讲解视频	序号	内容	讲解视频
步骤1	检查电动开关、行李箱锁、门控等及支撑杆		步骤3	检查行李箱地板及备用轮胎	
步骤2	检查随车工具				

子任务五　检查底盘					
序号	内容	讲解视频	序号	内容	讲解视频
步骤1	检查前后悬架		步骤3	检查传动系统	
步骤2	检查转向机构		步骤4	检查车轮	

续表

子任务六　二手车拍照

序号	内容	讲解视频	序号	内容	讲解视频
步骤1	拍照前准备		步骤3	拍摄二手车资料	
步骤2	确定车辆拍照位置		步骤4	注意事项	

 实施要点

子任务一　检查车身

根据二手车鉴定评估技术规范 GB/T 30323—2013 的规定，车身外观部位如图 3-2-1 所示，车身外观检查项目如表 3-2-1 所示，车身外观状态描述如表 3-2-2 所示。在进行车身外观技术状况鉴定时，需参照图 3-2-1，按照表 3-2-1 要求进行 26 个项目的检查，然后记录检查结果。

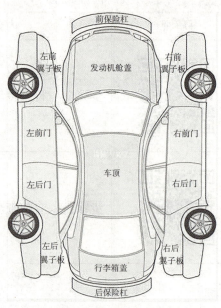

图 3-2-1　车身外观展开示意图

表 3-2-1　车身外观检查项目作业表

检查部位	描述检查结果	检查部位	描述检查结果
发动机舱盖表面		后保险杠	
左前翼子板		左前轮	
左后翼子板		左后轮	
右前翼子板		右前轮	
右后翼子板		右后轮	
左前车门		前大灯	
右前车门		后尾灯	
左后车门		前风窗玻璃	
右后车门		后风窗玻璃	
行李箱盖		四门风窗玻璃	
行李箱内侧		左后视镜	
车顶		右后视镜	
前保险杠		轮胎	

表 3-2-2　车身外观状态描述对应表

代码	HH	BX	XS	LW	AX	XF
描述	划痕	变形	锈蚀	裂纹	凹陷	修复痕迹

步骤1：检查车门、车窗

（1）在未打开车门时，查看车门接缝处是否平整，接合的密合度是否自然平整，如图3-2-2所示。

图 3-2-2　车门接缝

（2）观察门框周边线条是否流畅、平整，车门附近是否留有原车接合时的铆钉（焊点）痕迹，如果有痕迹则表示此车为原厂车，没有痕迹则表示此车做过油漆修补，如图3-2-3所示。

图 3-2-3　车门框周边线条

（3）来回开关车门，检查车门开启的顺畅度，无杂声或开启时极为顺手，表示此车框架良好。

（4）检查车窗，应关闭严密、锁止可靠、缝隙均匀不松旷；密封胶条应无破损、老化，否则车门、车窗会漏水。

步骤2：检查保险杠、前后翼子板、发动机舱盖、行李箱盖及车灯

（1）检查前后保险杠、前后翼子板、发动机箱盖及行李箱盖有无明显的变形、损坏，有无钣金修复、严重变形、焊接、锈蚀和更换。

（2）检查车灯，按动灯体检查有无松动，表面有无划痕、破损、水雾、裂痕等现象，检查车灯标识信息，车灯生产日期应与车辆生产日期相对应，否则说明更换过。

步骤3：检查后视镜、前后刮水器

（1）检查汽车左右两侧，应各设置一面后视镜，后视镜安装、调节及视野范围应符合规定。

（2）检查刮水器。

①将刮水器拉起，用手指在橡胶雨刷上摸一摸，检查是否有损坏、硬化、裂纹及橡胶雨刷的弹性不良，如果有这些现象，则需要更换刮水器。

②将刮水器开关置于各挡位，检查不同挡位下刮水器是否保持一定速度。特别是在间断工作状态下，还要留意刮水器在运动时是否保持一定速度。

③刮水器在刮拭时，若出现左右摆动不均匀、有噪声或者出现不正常跳动，刮水器胶条没有完全贴合风窗玻璃面，刮拭不干净、出现水膜和细小条纹等现象，都表示刮水器受

损或不合格。

④可以通过听声音来辨别刮水器的好坏,当刮水器电动机"嗡嗡"作响而不能转动时,说明刮水器机械传动部分有锈死或卡住的地方,该刮水器为不合格,这时应立即关闭刮水器开关,以防烧毁电动机。

提示引导

> 注意:刮水器不合格的话,会直接影响到驾驶员的开车视线,雨雪天本来视线就不太好,若刮水器工作不良的话,则会对行车安全造成很大的威胁。

步骤4:检查前后风窗玻璃及车窗玻璃

检查前、后风窗玻璃及车窗玻璃,应完好无损。检查玻璃标识信息,读取玻璃生产日期,如果玻璃生产日期不同或者与车辆生产日期不对应,则说明玻璃曾经更换过。

步骤5:检查轮胎

(1)检查轮胎品牌及生产日期,若所有轮胎品牌一样,但生产日期不同,尤其是轮胎生产日期早于车辆出厂日期的话,则应仔细查看胎纹磨损情况。

(2)检查轮胎磨损情况。先检查外侧轮胎,再检查内侧轮胎。检查是否有对胎侧进行修理,是否有严重的风雨侵蚀,是否有割痕,是否存在两边磨损、中间磨损、羽状边磨损或单侧磨损等不均匀磨损现象,当出现这些异常磨损时,表明该车的四轮定位不准确或长时间超载行驶。

(3)检查轮胎花纹磨损程度。如图3-2-4所示,将轮胎花纹深度尺的尖端伸入轮胎胎面同一横截面的几个主花纹沟中,测量它们的深度,得出一组数据,算出平均值,就是轮胎花纹深度。轿车轮胎胎冠上的花纹深度不得小于1.6 mm;其他车辆转向轮的胎冠花纹深度不得小于3.2 mm,其余轮胎胎冠花纹深度不得小于1.6 mm。

图3-2-4 检查轮胎花纹深度

步骤6：检查车身油漆

（1）检查车身油漆颜色，如果有明显色差，则表示该车做过油漆修补，新补的油漆往往在色彩上不同于原车漆，电子配漆会比原车漆色鲜艳，人工调漆会比原车漆色暗淡一些，如图3-2-5所示。

> 提示引导

注意：观察板件色差要同时观察相邻两个板件的色差，如翼子板与发动机舱盖对比、车门与翼子板对比等。

图3-2-5 色差

（2）检查漆面有没有麻点、瑕疵，查看车窗密封条、排气管和轮胎等处是否有多余的漆点，如果有，则说明该车做过油漆修补。检查车漆有没有龟裂现象，若发现油漆有龟裂现象，且该车未发生过事故，则说明此车使用时间较长。

所谓的麻点就是细碎的凸凹不平区域，以及不均匀的小细沙杂物，瑕疵包括起泡、砂眼、橘皮纹、砂纸纹和水流纹等，主要是因为一般的车辆重新喷漆都是在普通修理厂，工艺水平肯定不及生产厂家，且喷漆环境也不及原厂环境，因此漆面修复过程中很容易形成麻点及各种瑕疵，影响漆面质量，只要稍加留心就会看到。如图3-2-6所示。

图 3-2-6 麻点

（3）检查漆面的平整度，在汽车侧面距离 1~2 m 处，从不同的角度观察每一幅漆面的平整度，或通过查看车身上反射的景物是否自然流畅，进一步判断车身上该漆面是否进行过修复。

（4）用漆膜厚度仪检测车身是否重新做过漆。漆膜厚度仪能够测量车身表面至车身金属层面的距离。汽车车身上依次涂有底漆层、中涂漆层、水性色漆层、面漆层，虽然不同品牌汽车的原厂漆厚度不同，但同一辆汽车各处的漆膜厚度都比较均匀一致。当汽车发生交通事故，需要钣金喷漆修复时，需要先刮腻子，再喷底漆、中涂漆、水性色漆、面漆，这样当多点测量时，修复后受损部位表面距车身金属层面距离就会增加，没修复的地方漆膜厚度不变，这就是漆膜厚度仪为什么能检测车身是否重新做漆的原理。使用漆膜厚度仪检查车漆的方法如下：

①校准漆膜厚度仪。

②确定取样点。在发动机舱盖、车顶、行李箱盖、车门及翼子板等 14 个区域分别取五个点以上，所取样点在每个区域应尽量均匀分布，如图 3-2-7 所示。

③测量。以发动机舱盖为例，区域面积较大，可均匀选取 5~9 个点，先取其中一个点，手握漆膜厚度仪，垂直于漆面进行测量，如图 3-2-8 所示，然后依次测量其余各点。

④结论。按照此方法测量全车 14 个区域，并将测量数据进行对比，测量数值明显增大的部位即是重新做漆的部位。

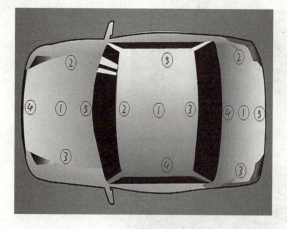 

图 3-2-7 确定取样点　　　　图 3-2-8 测量方法

 自主学习资源

奥迪顺时针六点检测法

 知识应用

二手车修补喷漆费用

子任务二　检查发动机舱

根据二手车鉴定评估技术规范 GB/T 30323—2013 的规定，按照表 3-2-3 进行 10 个项目的检查，并记录检查结果。

如检查第 1 项时发现机油有冷却液混入、检查第 2 项时发现缸盖外有机油渗漏，则应在《二手车鉴定评估报告》或《二手车技术状况表》的技术状况缺陷描述中分别予以注明，并提示修复前不宜使用。

表 3-2-3　发动机舱检查项目作业表

序号	检查项目	描述检查结果
1	机油有无冷却液混入	
2	缸盖外是否有机油渗漏	
3	前翼子板内缘、水箱框架、横拉梁有无凹凸或修复痕迹	
4	散热器格栅有无破损	
5	蓄电池电极桩柱有无腐蚀	
6	蓄电池电解液有无渗漏、缺少	
7	发动机传动带有无老化	
8	油管、水管有无老化和裂痕	
9	线束有无老化、破损	
10	其他	

步骤1：检查发动机舱盖及发动机舱清洁情况

（1）检查发动机舱盖锁及开关。发动机舱盖开关应能正常开闭，在发动机舱盖锁定状态下，左、右间隙应平均一致，发动机舱盖锁应无卡滞、损坏，扣下发动机舱盖应能正常关闭锁止。

（2）检查发动机舱盖支撑杆。抬起发动机舱盖，支撑杆应无变形、泄压及无法支撑等现象。

（3）打开发动机罩，观察发动机舱表面是否清洁，是否有油污，是否锈蚀，如图3-2-9所示。如果发动机上堆满灰尘，则说明该车的日常维护不够；如果发动机表面特别干净，也可能是车主在此前对发动机进行了特别的清洗，不能由此判断车辆状况一定很好。

对于车主而言，为了使汽车能更快销售，且卖个好价钱，有的车主将发动机舱进行了专业蒸汽清洁，但这也并不意味车主想隐瞒什么。

图 3-2-9　检查发动机清洁情况

步骤 2：检查发动机冷却系统

（1）检查冷却液储液罐。

①冷却液液面应该在"满"标记附近，如图 3-2-10 所示。

图 3-2-10　检查储液罐中的冷却液

②冷却液的颜色应该是浅绿色或红色，如果冷却液颜色像水的颜色，则可能是冷却系统的某处有泄漏情况。

③冷却液的味道闻起来不应该有汽油或机油味，如果有，则发动机气缸垫可能已烧坏。

（2）检查散热器。

①在发动机充分冷却状态下打开散热器盖，如图 3-2-11 所示，检查冷却液液面是否有其他异物漂浮，如果有油污漂浮，则说明可能有机油渗入到冷却液中；如果有锈蚀的粉屑，或将手指伸进散热器颈部检查有锈斑或像淤泥状的沉积物，则说明散热器内部的锈蚀情况很严重，冷却液没有定期更换或保养；如果水垢严重，则说明发动机机体内也存在这一情况，发动机会经常出现开锅现象，即发动机温度过高。一旦发现这些情况，说明该车的发动机状况不是很好，要特别注意。

图 3-2-11　检查散热器盖和散热器内部的锈迹和水垢

②检查散热器水室和散热器芯子，查看是否有褪色或潮湿区域。散热器芯上的所有散热器片应该是相同颜色的，当看到散热器芯局部呈现浅绿色时，说明在此区域有泄漏。修理或更换散热器费用很高。

（3）检查水管。

①用手挤压散热器和暖风器软管，看是否有裂纹、老化和发脆现象，如图3-2-12所示。

图3-2-12　检查冷却系统软管

②仔细检查软管两端部卡箍处，看是否有鼓起部分和裂纹，是否有锈蚀痕迹。软管通常可以使用10万km以上。

（4）检查散热器风扇皮带。

有些汽车散热器风扇是通过传动带来驱动的，但有些轿车采用电动机驱动，即电子风扇。对于由传动带驱动的冷却风扇，应检查散热器风扇传动带的磨损情况。

仔细检查传动带的外部及与皮带轮接触的内侧，查看是否有裂纹、层片脱落或已经磨得发亮，如果有，则说明传动带已经打滑，这些问题可能引起尖啸声并使蓄电池充电不足，甚至产生过热现象，如图3-2-13所示。

图3-2-13　检查风扇皮带的内侧

（5）检查冷却风扇。

检查冷却风扇叶片是否有变形或损坏，若变形或损坏，其排风量会相应减少，从而影响发动机的冷却效果，使发动机温度升高，故风扇有损坏应及时更换。

步骤3：检查发动机润滑系统

发动机润滑系统的作用是对发动机各个运动部件进行润滑，同时还有密封、冷却、清洁、防腐等作用。若发动机润滑系统工作不良，则将严重影响发动机的使用寿命和价值。在检查过程中，主要检查机油质量、机油泄漏和机油滤清器等项目。

（1）检查机油。

第一步：找到机油口盖并打开。注意在拧开机油口盖之前，一定要保证开口周围区域干净，防止灰尘进入而污染发动机。

第二步：如图3-2-14所示，拧下加油口盖，将它翻过来查看机油口盖的底部，可以看到旧油甚至脏油的痕迹，这是正常的。如果机油口盖底面有一层黏稠的浅棕色巧克力乳状物，或有与油、油污混合的小水滴，则表明冷却液通过损坏的衬垫或者气缸垫、气缸体裂纹混入了机油中，不管是哪种情况，汽车不进行大修已不能开得很远或者根本不能开。被冷却液污染的机油在短时间内会对发动机零部件造成许多危害，这种维修通常花费很高，如果情况很严重或者对此不引起注意，则可能导致发动机需要全面大修。

图3-2-14 检查机油

第三步：检查机油质量。取一片洁净白纸，在纸上滴下一滴机油，如果有较多的硬质沥青及炭粒等，则表明机油滤清器的滤清作用不良，机油很脏；如果纸上黑点较大，且油为黑褐色、均匀且无颗粒，黑点与周围的黄色油迹有明显的分界线，则说明机油已经变质。

此外，也可将机油滴在手上，观察机油的颜色和黏度。先观察其透明度，色泽通透略带杂质说明还可以继续使用；若色泽发黑，闻起来带有酸味，则说明需要更换机油，因为机油已经变质，不能起到保护作用。然后检查其黏稠度，沾一沾机油在手上，用两根手指检查机油是否还有黏性，如果在手指中没有一点黏性，像水一样，则说明机油已达到使用极限，需要更换，以保证发动机正常使用。

第四步：检查机油气味。拔下机油尺，闻一闻机油尺上的机油有无异味，如果有汽油味，则说明机油中混入了汽油。发动机在此条件下长时间运转会使其过度磨损，因为未稀释的燃油会冲刷掉气缸壁起润滑作用的机油膜。检查机油尺颜色，如果发动机曾经严重过热，机油尺会变色，如图3-2-15所示。

第五步：检查机油油位。在发动机停机 5 min 以上状态时，抽出机油尺，用抹布将机油尺上的油迹擦干净后插入机油尺导孔，再次拔出查看，如图3-2-16所示，油位在上下刻度线之间为正常。

 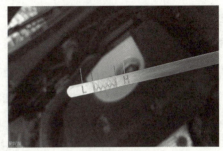

图 3-2-15　检查机油尺　　　　　图 3-2-16　检查机油油位

（2）检查机油滤清器。

用专用的机油滤清器扳手拆下机油滤清器，观察机油滤清器外壳有无裂纹、密封圈是否完好。

（3）检查机油泄漏。

机油泄漏是一种非常常见的现象，可能发生泄漏的地方主要有气门室罩盖、气门室盖垫、油底壳垫片、曲轴前后油封、油底壳放油螺塞、机油滤清器、机油散热器管路、机油散热器和机油压力感应器，检查时应尽可能对以上各部位进行详细检查，如图3-2-17和图3-2-18所示。

 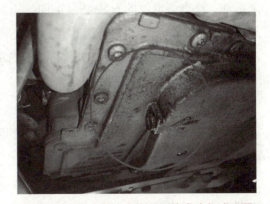

图 3-2-17　气门室盖处可能发生机油泄漏　　图 3-2-18　发动机油底壳处可能发生机油泄漏

步骤 4：检查发动机点火系统及供油系统

点火系统工作性能的好坏直接影响发动机的动力性和燃油经济性，对点火系统的检查主要包括检查蓄电池、点火线圈、高压线等零件的外观性能。

(1) 检查蓄电池。

①检查标牌,看蓄电池是不是原装电池。通常标牌固定在蓄电池上部,其上有首次售出日期,以编号打点的形式标注,前面部分表示年,后面部分表示卖出的月份。将卖出的日期与电池寿命进行比较,可算出蓄电池的剩余寿命。此外,还可以用汽车蓄电池测试仪检测蓄电池使用寿命。一般蓄电池的有效寿命为两年,如果蓄电池的有效寿命快接近极限,则需要考虑更换蓄电池所需的成本。

②检查蓄电池表面是否清洁。蓄电池盖上有电解液、尘土等异物或蓄电池端子、接线柱处有严重的铜锈或堆满腐蚀物,可能会造成正负极之间短路,出现蓄电池自行放电或电解液消耗过快及蓄电池充不进电等情况,如图3-2-19所示。

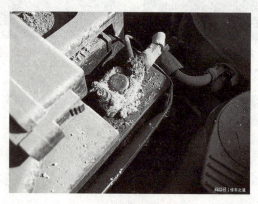

图3-2-19　检查蓄电池

③检查蓄电池压紧装置和蓄电池安装状况。检查蓄电池压紧装置是否完整,是否为原来部件;检查蓄电池的安装是否牢固,以防止蓄电池、发动机舱和附近线路、软管等损坏。如果原来的压紧装置遗失,则必须安装一个"万能"压紧装置。注意:钢索和软绳不足以防止振动对蓄电池的损害,且不足以防止酸液泄漏。

(2) 检查高压线及点火线圈。

检查高压线,高压线应该清洁、布线整齐、无切割口、无擦伤部位、无裂纹、无烧焦处,否则会造成高压线漏电发生跳火,严重时可能引起火灾,故需要更换高压线。注意:高压线更换需成套更换,费用较高。

观察点火线圈外壳有无破裂。外壳破裂,会使点火线圈容易受潮而使点火性能下降,进而影响发动机动力性。

(3) 检查燃油泄漏。

首先检查进气歧管及通向燃油喷射装置的燃油管或软管有无残留的燃油污迹;其次检查喷油器插头安装是否可靠,喷油器密封圈是否完好;最后,应该注意发动机罩下有没有燃油气味,若有燃油味则通常暗示着有燃油泄漏。

(4) 检查汽油管路。

发动机供油系统有进油管路和回油管路,要检查油管是否老化或龟裂等。

步骤5:检查发动机进气系统

发动机进气系统性能的好坏,尤其是混合气浓度的控制,对发动机工作性能有很大的影响,因此应仔细检查发动机进气系统。

(1) 检查进气软管(波纹管)。

检查进气软管是否老化变形、是否变硬、是否有损坏或烧坏处,若有这些现象则表明进气软管需要更换。

如果进气软管比较光亮,可能喷过防护剂,应仔细检查,以防必须更换的零部件被漏检。检查进气软管内壁,若有大量机油,则表明发动机磨损过大。

(2) 检查空气滤清器。

拆开空气滤清器壳体,检查空气滤芯,观察其清洁情况,若空气滤芯很脏,则说明此车保养较差,如图3-2-20所示。

图3-2-20 检查空气滤清器

(3) 检查节气门拉线。

对于带节气门的汽车,应检查节气门拉线是否有阻滞和毛刺等现象。

步骤6:检查发动机舱其他部件

(1) 检查发动机减震支承。

检查发动机的减震垫是否有老化、裂纹,如有损坏,会造成发动机振动过大、使用寿命急剧下降。

(2) 检查正时带。

拆下正时罩,如果有必要,则应使用一个手电筒仔细检查同步齿形带内外两侧有无裂纹、缺齿和磨损等现象(见图3-2-21),若有,则表明此车行驶了相当大的里程。对于V

形发动机而言，更换同步齿形带的费用非常高。

图 3-2-21　正时带的检查

（3）检查制动主缸、制动液及离合器液压储液罐。

检查制动主缸是否发生锈蚀或变色（通常可以在发动机舱壁处看到），制动主缸或真空助力器锈蚀或变色表明制动系统有泄露问题，或是主缸盖橡胶垫泄露，或是制动液添加过多使一些油液渗漏造成锈蚀。如果制动液呈雾状，则说明制动系统中有锈蚀，需要全面清洗。检查制动主缸附近离合器的储液罐，它使用与制动系统同样的油液，检查方法与检查制动主缸和制动液的方法相同，如图 3-2-22 所示。

（4）检查继电器盒。

打开继电器盒，查看内部，通常在塑料盖内侧附有一张图表，按照图表检查相应位置元件是否齐全。如果有一个或两个继电器遗漏，但是图表检查图上并无标识，则一般是制造厂家为用于某种车型或某种选项的继电器提供了预留的空间和线路。

图 3-2-22　制动缸的检查

（5）检查发动机线束。

为了保证汽车的寿命，线束应该保持良好，防止任何意外损伤或不合理的结构。查看发动机舱内导线是否有擦破或是裸线，导线是否露在保护层外，导线是否固定在导线夹中，是否用非标准的胶带包裹，是否有外加导线。有胶带或外加导线说明有不正规的维修历史，或者车辆安装了一些附件，如防盗报警器等。这些附件如果是专业安装，导线线路和线束应整齐并固定在原来的导线夹中，而不是使用明线、绝缘胶带甚至是非焊接的卷边接头。

子任务三 检查驾驶舱

根据二手车鉴定评估技术规范 GB/T 30323—2013 的规定，按照表 3-2-4 进行 15 个项目的检查，并记录检查结果。

如检查第 11 项时发现安全带结构不完整或者功能不正常，则应在《二手车鉴定评估报告》或《二手车技术状况鉴定书》的技术状况缺陷描述中予以注明，并提示修复或更换前不宜使用。

表 3-2-4　驾驶舱检查项目作业表

序号	检查项目	描述检查结果
1	车内是否无水泡痕迹	
2	车内后视镜、座椅是否完整、无破损且功能正常	
3	车内是否整洁、无异味	
4	转向盘自由行程转角是否小于 15°	
5	车顶及周边内饰是否无破损、松动、裂缝和污迹	
6	仪表台是否无划痕、配件是否无缺失	
7	变速杆及护罩是否完好、无破损	
8	储物盒是否无裂痕、配件是否无缺失	
9	天窗是否移动灵活、关闭正常	
10	门窗密封条是否良好、无老化	
11	安全带结构是否完整、功能是否正常	
12	驻车制动系统是否灵活有效	
13	玻璃窗升降器、门窗工作是否正常	
14	左、右后视镜折叠装置工作是否正常	
15	其他	

步骤 1：检查前排内饰

（1）检查内饰清洁度。

通过内饰清洁度的检查，可以了解车主对汽车的养护状况。对于二手车，除了内饰脏污之外，还会有一些细菌存留在车的顶棚、座套和出风口等部位，果汁、烟气、食品残渣、儿童和宠物的尿液、毛发等遗留物，久之会散发异味，危害驾乘人员健康。如果车辆内饰清洁度较差，则应考虑做一次专业的内饰清洁。

（2）检查转向盘。

两手握住转向盘，将转向盘从中间位置沿顺时针和逆时针方向转动，直到感觉有阻力时停止，检查转向盘自由行程是否过大或过小，如果自由行程过大，则说明转向系统的各部分间隙过大或过小，转向系统需要保养维修。将转向盘向上下、前后、左右方向摇动推拉，应无松旷感觉。如有松旷的感觉，则说明转向器内轴承松动，需要调整。如图3-2-23所示。

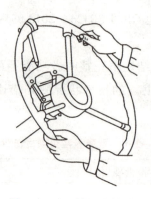

图3-2-23 转向盘的检查

自主学习资源

跟大师学——用检查器检测方向盘自由行程

将汽车处于直线行驶的位置，将检查器的刻度盘和指针分别夹持在转向轴管和转向盘上，向左或向右转动转向盘至感到有阻力时，记下指针所指的位置，再向相反方向转动转向盘至感到有阻力时为止，此时指针在刻度盘上划过的角度就是转向盘的自由行程。一般规定，转向盘从直行中间位置向任一方向的自由行程不超过15°，如果自由行程过大，则说明转向系统的各部间隙过大，转向系统需要保养维修。

（3）检查座椅、安全气囊及安全带。

①检查座椅罩是否有破损、开裂或油迹等情况；检查座椅前后调节、高低调节、椅背角度调节是否灵活有效，调节后能否固定；检查座椅塌陷程度，当坐在座椅上时，若感到弹力不足，则说明该车行驶公里数较长。如图3-2-24所示。

图3-2-24 汽车座椅调节

②检查安全气囊外表面。配有安全气囊的车辆，转向盘喇叭面板不能有粘贴覆盖物，不能进行其他加工，清洁时要注意只能用干燥或者蘸水的抹布擦拭。对其他位置的气囊模块表面也是一样。如图3-2-25所示。

图3-2-25　安全气囊

③检查安全带数量是否正确，安装位置是否合适、可靠；拉动安全带，检查安全带自动收紧装置是否工作有效；用力迅速拉安全带，检查安全带能否锁止；检查安全带是否有织物割伤损坏、边缘松散等现象，若有则应及时更换；检查安全带标识信息。如图3-2-26所示。

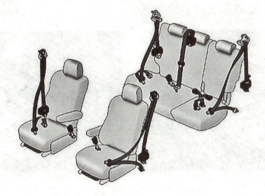

图3-2-26　汽车安全带

（4）检查天窗及车顶。

①开启、关闭天窗，检查天窗是否移动灵活、启闭正常。注意检查轨道上是否有漏水的痕迹，这是天窗存在的典型问题，特别是在二手车上。许多天窗上安装有遮阳板，应确保遮阳板外形良好，工作正常。如图3-2-27所示。

图3-2-27　电动天窗

②检查车顶及周边内饰是否无破损、松动、裂缝和污迹。

（5）检查遮阳板及车内后视镜。

检查车内遮阳板及车内后视镜是否完整、无破损且功能正常。

（6）检查仪表台及储物盒。

检查仪表台、储物盒是否无裂痕，配件是否无缺失。

（7）检查换挡杆及驻车制动器操纵杆。

①按照挡位图逐一换入各挡位，检查换挡操纵机构是否灵活；同时查看变速器换挡杆防护罩是否有破损，如有破损必须更换（若有异物掉入，可能会引起换挡阻滞）。如图3-2-28所示。

②放松驻车制动，再拉紧驻车制动，检查驻车制动操作杆是否灵活有效，锁止机构是否正常。大多数手制动拉杆在拉起时应发出五或六次"咔嗒"声后使后轮制动器抱死，多次声响后不能拉起制动杆，可能是因为太紧的缘故。踏板操纵的驻车制动器实施后轮制动时也应发出五或六次咔嗒声，如果发出更多或更少的"咔嗒"声，则说明驻车制动器需要检修或调整。如图3-2-29所示。

图3-2-28 换挡杆

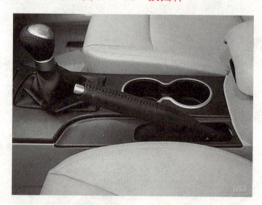

图3-2-29 驻车制动器

（8）检查开关、故障指示灯、仪表、车窗玻璃升降器及电动外后视镜。

①分别开启点火开关、车灯开关、刮水器开关、喇叭开关等，检查这些开关是否完好、元件能否正常工作。

②检查故障指示灯。打开点火开关，正常情况下这些故障灯亮 3 s 后会自动熄灭，如图 3-2-30 所示。若故障灯常亮，或根本就不亮，则说明此电子控制系统有故障。由于电控系统的故障比较复杂，对汽车的价格影响也很大，若发现故障，则应借助于专业诊断仪来检查故障代码，以判断此系统的故障原因，确定维修价格。

图 3-2-30　汽车故障指示灯

③检查转速表、车速里程表、燃油表、机油压力表（或燃油压力指示器）、水温表等仪表是否能正常工作，有无缺损或损坏，如图 3-2-31 所示。

图 3-2-31　汽车仪表

④检查车窗玻璃升降器。操作电动车窗开关，各车窗应能升起和落下，升降器工作平稳、安静，无卡滞现象。

⑤检查电动外后视镜。操纵电动外后视镜开关按钮，电动外后视镜应该能正确动作，如图 3-2-32 所示。

图 3-2-32　电动外后视镜控制按钮

> **提示引导**
>
> 注意：部分车主在转让车辆时，对于仪表报警常采取非常规维修，如拆掉警告灯等方法，以蒙蔽购车人。因此，在打开点火开关后要观察仪表警告灯的亮起状况，发动机运行后再观察警告灯的熄灭情况。

（9）检查地板、离合器踏板、制动踏板和加速踏板。

①抬起车内的地板或地毯，检查是否有霉味、潮气或锈蚀污染的痕迹。检查地板垫或地毯底下是否有水，如果水的气味像防冻液，则散热器芯子可能泄漏，水通过发动机舱上的孔洞从外部进入汽车内部。如果确定汽车被浸泡过，则应在装饰板上查找最高水位标记，如果水位达到车门装饰板的一半以上，则损坏的可能性要比单纯生锈更大、更严重。因为发动机 ECU、电动车窗电动机、电动座椅电动机以及其他电器装置和系统往往位于车身地板、控制台或前车门前面的踏脚板上。如果发现地板上有被水浸泡的迹象，则汽车的价格要大打折扣。如图 3-2-33 所示。

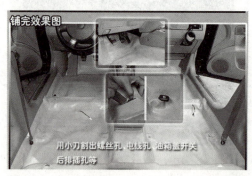

图 3-2-33　汽车地毯和地板

②检查离合器踏板、制动踏板、加速踏板胶皮是否磨损过度，若磨损过度或者更换过，则说明此车行驶里程比较长，如图 3-2-34 所示。对手动挡汽车，检查离合器踏板自由行程，用一个直尺抵在驾驶室底板上，先测量踏板完全放松时的高度，再用手轻按踏板，当感到阻力增大时再测量踏板高度，两次测量的高度差即为踏板的自由行程。自由行程应该在 10~20 mm 范围内，否则应调整自由行程。踩下制动踏板的全过程中，检查制动踏板与地板之间应有一定的距离；踩下液压制动系统的制动踏板时，踏板反应要适当，过软说明制动系统有故障。踩下加速踏板，检查踏板有无弹性、踏板回位是否自如，若踩下时很轻松，表明节气门拉线松弛，需要调整；若踩下时较费劲，则说明节气门拉线有阻滞、破损，可能需要更换。

图 3-2-34　检查踏板自由行程

（10）检查驾驶舱其他设备。

①检查点烟器。按下点烟器，观察点烟器能否正常工作。点烟器插座是许多附件共用的插座，如电动剃刀、冷却器、民用频带收音机等。点烟器不能正常工作说明其他电路可能有故障（或者只是熔丝烧断），如图 3-2-35 所示。

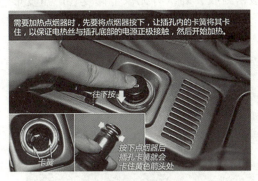

图 3-2-35　点烟器

②检查音响和收音机。用 U 盘检查音响系统能否正常工作、音质是否清晰；打开收音机开关，检查收音机能否正常工作；在发动机运转时检查音响系统或收音机，倾听是否有发动机电器系统干扰，或信号接收不良。

③检查除雾器。如果系统工作正常，打开除雾器几分钟后，玻璃摸上去应该是热的。另外还须检查暖风器并确保风速开关在所有速度挡都能正常工作。试一试前风窗玻璃除霜器，并在前窗玻璃底部感受一下热空气。如果没有热气，则可能意味着除霜器导管丢失或破裂。

④检查电动门锁。如果汽车有电动门锁，则应试用一下，确保从外面能打开所有门锁（试的时候不要把钥匙锁在里面），同时确保操作门锁按钮能使所有门锁开闭。

⑤检查防盗报警器。对于加装防盗报警器的汽车，应检查其是否能正常工作。振动翼子板，观察防盗报警器能否启动，但要注意在实验之前应明确如何解除报警。

步骤 2：检查后排内饰

汽车驾驶舱后排内饰的检查主要包括安全带、地板、安全气囊及储物盒，其检查方法与前排内饰检查方法相同。

子任务四 检查行李箱

步骤 1：检查行李箱电动开关、行李箱锁、门控灯及行李箱支撑杆

（1）检查行李箱电动开关的开闭功能是否正常。

（2）检查行李箱锁，打开或按下行李箱盖，行李箱盖能正常开关。

（3）检查行李箱门控灯，当行李箱盖打开时，门控灯应点亮，否则说明门控灯或门控灯开关已坏。

（4）检查行李箱液压支撑杆或气体助力支撑杆，开启行李箱盖，行李箱盖应无回落痕迹。

（5）检查行李箱围板密封胶，确认有无钣金修复、严重变形、焊接、锈蚀和更换，如图 3-2-36 所示。

图 3-2-36　汽车行李箱

步骤 2：检查随车工具

检查原厂装的千斤顶、千斤顶手柄、轮毂盖/带耳螺母拆卸工具、三角牌、灭火器等随车工具是否齐全有效。检查原装千斤顶的存放和使用说明，如果轮胎安装在行李箱地板的凹槽内，那里通常贴有印花纸，它处于行李箱壁或备胎上面的纤维板上，如果这些印花纸发暗或者丢失，则说明此处有过一些碰撞修理。

步骤 3：检查行李箱地板及备用轮胎

拉起行李箱中的橡胶地板垫或地毯，观察地板是否有铁锈、修理和焊接痕迹，或行李箱密封条泄漏引发的发霉迹象。

检查备胎是否完好,备胎的花纹深度可以从一个侧面反映出该车的使用情况。如果是一辆行驶里程较短的汽车,其备用轮胎应该是新标记,与原车上的标记相同,而不是像废品回收站那样花纹几乎磨光的轮胎。检查备胎胎压是否正常。如图 3-2-37 所示。

图 3-2-37　备用轮胎

子任务五　检查底盘

检查完发动机舱、车舱、行李箱、车身表面等工作后,就要进行下一步工作,即检查汽车底盘。将汽车用举升机举起后,就可以对车底各部件进行检查,而车主在卖车之前一般不会对车底各部件进行保养,所以,车底各部件的技术状况更能真实地反映出汽车整体的技术状况。

根据二手车鉴定评估技术规范 GB/T 30323—2013 的规定,按照表 3-2-5 进行 8 个项目的检查,并记录检查结果。

表 3-2-5　底盘检查项目作业表

序号	检查项目	描述检查结果
1	发动机油底壳是否无渗漏	
2	变速器体是否无渗漏	
3	转向节臂球销是否无松动	
4	三角臂球销是否无松动	
5	传动轴十字轴是否无松旷	
6	减震器是否无渗漏	
7	减震弹簧是否无损坏	
8	其他	

步骤 1:检查前、后悬架

(1)检查减震器。在车辆静态的情况下,用手在汽车前后、左右四个角分别进行按压,观察回弹次数,如果发现异响或不能跳动,则说明减震器或悬架弹簧工作不良;如果跳动次数过多，则可能是减震器漏油。观察所有减震器是否有漏油现象，如果有漏油，则说明减震器已经失效，需要更换。更换减震器需要全部更换，而不是只更换一个，所以成本较高。观察前后减震器的生产厂家是否一致，减震器上下连接处有无松动、磨损等现象。

（2）检查减震弹簧。汽车减震弹簧主要有钢板弹簧和螺旋弹簧两种，如图 3-2-38 和图 3-2-39 所示。对于钢板弹簧，应检查是否有裂纹、断片和碎片等现象；两侧钢板弹簧的厚度、长度、片数、弧度、新旧程度是否相同；钢板弹簧 U 形螺栓和中心螺栓是否松动；钢板弹簧销与衬套的配合是否松旷。对于螺旋弹簧，应检查有无裂纹、折断或疲劳失效等现象；螺旋弹簧上、下支座有无变形损坏。

图 3-2-38 悬架结构　　　　图 3-2-39 钢板弹簧

（3）检查横向稳定器。横向稳定器主要用于前轮，有时也用于后轮，两端固定于悬架控制臂上，其作用是保持汽车转弯时车身平衡，防止汽车侧倾。检查稳定杆有无裂纹，与车身连接处的橡胶衬有无损坏，与左、右悬架控制臂的连接处有无松旷现象。

步骤 2：检查转向机构

汽车转向机构性能的好坏对汽车行驶稳定性有很大的影响，因此，应仔细检查转向系统，尤其是转向传动机构。检查转向系统除了检查转向自由行程之外，还应仔细检查以下项目，如图 3-2-40 所示。

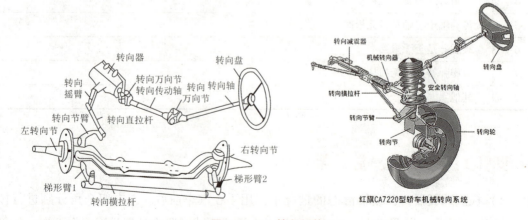

图 3-2-40 转向机构

检查转向盘与转向轴的连接部位、纵横拉杆球头连接部位、纵横拉杆臂与转向节的连接部位及转向节与主销之间是否松旷、是否配合连接过紧、是否缺润滑油，检查转向器是否缺润滑油。

步骤 3：检查传动系统

（1）对于后轮驱动的汽车，检查传动轴、中间轴及万向节等处有无裂纹和松动；传动轴是否弯曲，传动轴轴管是否凹陷，万向节轴承是否磨损而松动；万向节凸缘盘连接螺栓是否松动等。如图 3-2-41 所示。

图 3-2-41　传动轴

（2）对于前轮驱动的汽车，要检查万向节上的橡胶套是否老化、破损。绝大多数汽车在每一侧（左驱动桥和右驱动桥）均具有内、外万向节，每一个万向节都是由橡胶套罩住的，橡胶套保护万向节避免污物、修饰和潮气侵蚀，它里面填满润滑脂。更换万向节的价格很贵。

用手弯曲或挤压橡胶套，查找是否有裂纹或擦伤。若橡胶套里面已经没有润滑脂且有划痕，则说明万向节受到了污物和潮气的侵蚀，需要立即更换。

（3）检查发动机油底壳及变速器油底壳是否有泄漏现象，检查汽车底盘是否有拖底痕迹。

步骤 4：检查车轮

（1）检查车轮轮毂轴承是否松旷。用举升机或千斤顶支起车轮（见图 3-2-42），使车轮悬空，一只手放在轮胎上面，另一只手放在轮胎下面，用力推拉车轮，感觉是否有摆动；用手转动车轮，检查是否能够无噪声地平稳转动，以此方法来判断车轮轮毂轴承是否松旷。如轮毂轴承松旷，车轮轴承磨损严重，则需要更换车轮轴承，更换车轮轴承的费用较高。

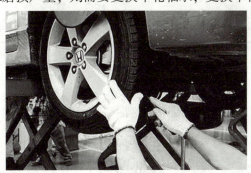

图 3-2-42　检查车轮轮毂轴承

(2) 检查制动片或制动盘磨损程度,每个制动片前端都有一个金属感应器,它的厚度一般为 2 mm,如果制动片的磨损达到 2 mm,则应更换。同时,我们还可以根据声音进行判断,当踩制动踏板时听到车辆附近有明显的金属与金属的磨损声,就需要检查是否需要更换制动片。

 提示引导

需要说明的是,通过二手车静态检查,可以使我们对车身外观有一个比较直观的了解,但是在检查过程中发现的问题更应该引起我们的注意,作为一名二手车评估师,应该能够根据发现的问题,推测车辆曾经可能发生的事故及故障,积累经验,业求于精,真正做到让客户想买二手车、敢买二手车,这是一名二手车评估师的鉴定使命。

子任务六 二手车拍照

车辆拍照的目的是真实记录车辆查勘时的状况,应使车辆的轮廓分明,拍照号码清晰,车身颜色真实。拍摄的距离、角度和光线会影响车辆的真实情况。

步骤1:拍照前准备

1. 工具准备

二手车拍照工具见表 3-2-6。

表 3-2-6 二手车拍照工具

设置项目	具体要求
相机像素单位	不低于 1 000 万
挡位设置	AUTO 挡
对焦方式	自动对焦
像素尺寸单位	640×480
照片风格	标准
感光度(ISO)	自动

 **案例分析**

二手车鉴定评估实例——金杯 RZH115LB

拍照装备是拍出清晰、真实照片的前提，通常对数码相机的像素、挡位设置、对焦方式、照片风格和感光度都有一定的要求。

2. 车辆准备

（1）将车辆的外观、内饰彻底清洗、擦拭干净，车内无多余异物，保证车辆整洁。
（2）二手车前风窗玻璃和仪表盘上无杂物。
（3）二手车车牌无遮挡，真实反映车辆信息。
（4）所有车门处于关闭状态，方便消费者通过图片了解车辆整体状况。
（5）转向盘回正，所有车轮处于直线行驶状态。
（6）二手车拍摄背景为可支撑的背景布，保证干净、整洁。

3. 时间、场地准备

拍二手车图片，通常选择在室外进行，因此要注意光照强度、光照角度和当地天气情况对图片质量的影响。尽量采用正面光照、顺光角度拍摄，避免在强烈光照和光照不足的环境下拍照。为了能够真实反映车辆的外观情况，雨天一般不进行拍照。

对于品牌二手车经销商或 4S 店二手车部门而言，拍摄地点一般可选择在门店前方，以方便展示店面品牌信息。

4. 二手车资料准备

二手车在拍照时需要准备的资料有车辆登记证书、车辆行驶证、交强险正本和副本、车主身份证明资料、公司客户的公司组织机构代码或公司营业执照。

步骤 2：车辆拍照位置确定

1. 拍摄正前面

站在车前 2.5m 处对二手车前侧进行拍照。

2. 拍摄侧面

在车辆正侧面进行拍摄。

3. 拍摄正后面

站在车后 2.5m 处对二手车后侧进行拍照。

4. 拍摄前侧

脚与左侧车头对正，向后退几步保证相机与车身左侧保持 45°左右的角度。

5. 拍摄后侧

脚与右侧车尾对正，向后退几步，保证相机与车身右侧保持 45°左右的角度。

6. 拍摄驾驶舱

对于二手车消费者来说，最为关注驾驶舱照片，通过驾驶舱可以反映出车辆的使用强度、配置等信息，是决定二手车销售价格的重要因素之一。作为二手车鉴定评估师，在对车辆驾驶舱进行拍照时，需要重点拍摄仪表盘、转向盘、变速杆、座椅、脚垫、车顶、后排座椅等部位。

在对仪表盘进行拍照时，需要接通全车电源，显示车辆表征里程。同时，通过仪表盘上各指示灯的开、关情况可初步判断车辆线路是否存在故障或发生过泡水事故。

通过拍照明确转向盘、转向盘套以及变速杆的磨损情况，了解车辆的使用强度，结合表征里程数判断该车是否为调表车。

同一型号不同配置的车辆，往往在转向盘上会有一定的区别。例如：一汽大众生产的 2019 款 1.6L 的高尔夫，舒适型配置比时尚型配置多加装了多功能转向盘。对于二手车消费者来说，可以通过转向盘配置情况迅速了解车辆的配置。

拍摄车辆座椅照片，一方面可以通过照片了解座椅材质，以实反映车辆配置，大多数低配车辆往往采用织物座椅，高配车辆大多为真皮座椅；另一方面，通过照片可以反映座椅的磨损情况，以便消费者了解车辆的使用强度。

7. 拍摄发动机舱

为了如实反映车辆发动机舱的情况和结构，通常从发动机舱正面、侧面和内部分别拍照。

（1）正面拍照，主要拍摄发动机舱内的防火墙。

（2）侧面拍照，拍摄位置包括左右减震器、左右散热器支架和左右大梁。

8. 拍摄行李箱

对行李箱进行拍照时，要拍摄左后翼子板和右后翼子板内侧的情况，如实反映后翼子板是否存在切割、焊接的情况。

拍摄行李箱盖的安装螺栓，向二手车消费者展示行李箱盖是否存在拆卸、修复情况。

拍摄行李箱两侧支架安装孔判断二手车是否存在"油改气"的情况。车主为了不影响二手车交易价格，通常会在二手车评估前拆卸行李箱内的气罐及气罐支架，但是在支架固定位置会留下"小孔"，通过观察行李箱内是否有安装孔即可判断车辆是否为油改气车辆。

步骤3：拍摄二手车资料

在进行二手车收购前，为了确认车辆的身份和合法性，需要对车辆证件进行核实并拍照存档。具体需要的二手车资料包括车辆登记证书、车辆行驶证、交强险正本和副本、车主身份信息证明、车辆购车发票、车辆购置税完税证明、年检标志和交强险标志等。

1. 车辆登记证书

车辆登记证书又称车辆的"户口本"，一般由车辆所有人保管，是车辆所有权的法律证明。在对车辆登记证书进行拍照时，一般会拍摄 1~6 页内容，如实反映车辆信息和过户情况。

2. 车辆行驶证

车辆行驶证上记录了车辆的重要信息，包括车牌号码、车主姓名、型号类别、发动机号和车架号、承载要求、初次登记日期及年检情况。车辆行驶证具有唯一性，即一辆机动车只对应一组发动机号、车架号和车牌号码。同时，在拍照时，要注意车辆行驶证信息与车辆登记证书信息一致。为了通过照片反映车辆信息的真实性，通常会将车辆行驶证和车架号记录在同一张照片中。

3. 交强险正本和副本

在二手车交易中，交强险具有随车原则，即二手车交易不解除交强险保险合同。因此在进行二手车评估、交易时，要特别注意车辆交强险合同是否齐全，并以此作为过户的必备材料。同时，要特别对前风窗玻璃左上角的年检标志和交强险标志进行拍照，以确保二手车的合法性。

4. 车主身份证明资料

为了确保车主的合法身份，在进行二手车收购、交易前，需要对车主身份信息进行核对，并拍照存档。如图 3-2-43 和图 3-2-44 所示，通常情况下，对于私人客户，需对车主身份证或军官证、护照进行拍照；对于公司客户，则需要对公司组织机构代码或公司营业执照进行拍照。

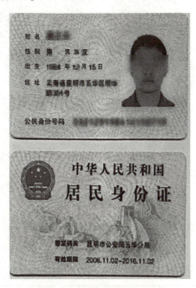

图 3-2-43 身份证拍照

图 3-2-44 营业执照拍照

步骤 4：二手车拍摄注意事项

（1）避免在有强光照射和昏暗光照的环境下拍照，要采用正面光照，不得采用侧面光照或逆光。

（2）车辆整体照片拍摄高度采用"平拍"，驾驶舱照片及局部照片拍摄高度采用"俯拍"。

（3）拍摄的所有照片都要做到"轮廓分明，牌照号码清晰，车身颜色真实"。

立德树人

二手车鉴定与评估职业道德

二手车鉴定评估是专门为二手车流通服务的，所以二手车鉴定评估师从业人员的职业道德就显得特别重要，必须有能遵循的道德准则和行为规范。以下是二手车鉴定评估从业人员需要遵守的职业道德和岗位职责。

1. 二手车鉴定评估从业人员职业道德

（1）遵纪守法、廉洁自律；

（2）客观独立、公正科学；

（3）诚实守信、规范服务；

（4）客户至上、保守秘密；

（5）团队合作、锐意进取；

（6）操作规范、保证安全。

2. 二手车鉴定评估从业人员岗位职责

（1）必须遵守《二手车鉴定评估从业人员自律守则》，必须履行所在岗位职责；

（2）按质按量接待二手车交易客户，认真受理客户委托的鉴定评估工作；

（3）认真接受客户对二手车交易的咨询，引导客户合法交易；

（4）负责检查二手车交易的各项证件，收集二手车鉴定评估的各类资料，包括政策法规、车辆技术和市场价格信息；

（5）负责对二手车进行技术监督，并现场估算价格；

（6）不对盗抢、走私、非法组装、报废车辆进行鉴定评估和交易；

（7）负责报告鉴定评估结果，与客户商定评估价格；

（8）认真填写评估报告，指导资料员存档；

（9）协助领导做好其他鉴定评估工作；

（10）负责对事故车辆进行损耗评估，并如实撰写评估报告。

 提示引导

重点提示——"1+X"考核要求

知识要求	技能要求	讲解视频
板件间色差的判定方法	能判定板件间的色差	（二维码）

任务巩固与拓展

1. 任务巩固：简答题

| 班级： | 姓名： | 学号： |

1. 什么是静态检查？

2. 静态检查需要准备什么工具？

3. 静态检查主要检查什么？

4. 车身技术状况主要检查什么项目？

5. 发动机舱的检查项目包括哪些？需要使用什么工具？

6. 车舱的检查项目包括哪些？需要使用什么工具？

7. 行李箱的检查项目包括哪些？需要使用什么工具？

2. 任务拓展

请同学们检查实训室车辆起亚 K2，并记录信息（行业标准）。

\	1. 检查车身外观
项目	检查结果
左前车门	平整：□是 □否　　色差：□是 □无　　喷漆：□是 □无 钣金：□是 □无　　划痕：□是 □无　　变形：□是 □无 凹陷：□是 □无　　锈蚀：□是 □无　　裂纹：□是 □无 结果描述：_____ 胶体：□变形 □老化 □正常 铰链：□锈蚀 □正常 固定螺丝：□拧动痕迹 □正常 更换：□是 □否 结果描述：_____
左前车窗玻璃	生产日期：□基本一致 □相差很大 裂纹/裂点：□有　　□无 更换：□是 □无 结果描述：_____
左前门框	变形：□是 □无 结果描述：_____
左 A 柱	修复：□是 □否　　喷漆：□是 □否　　变形：□是 □否 扭曲：□是 □否　　更换：□是 □否　　烧焊：□是 □否 褶皱：□是 □否 结果描述：_____
左后视镜	后视镜加热：□有 □无　　电动折叠后视镜：□有 □无 更换：□有 □无 结果描述：_____

续表

\multicolumn{2}{c}{1. 检查车身外观}	
项目	检查结果
左前侧底大边	焊接：□有 □无　　变形：□有 □无　　破损：□有 □无 结果描述：_____
左前翼子板	喷漆：□是 □否　　钣金：□是 □否　　更换：□是 □否 结果描述：_____
左前轮胎	更换：□是 □否　　划痕：□有 □无　　裂纹：□有 □无 破损：□是 □否 结果描述：_____
左前车轮轮毂	划痕：□有 □无　　破损：□有 □无 结果描述：_____
前风窗玻璃	生产日期：□基本一致　　□相差很远　　裂纹：□有 □无 更换：□有 □无 结果描述：_____
前照灯	灯体：□松动 □正常　　灯罩：□划痕 □裂纹 □水雾 结果描述：_____
前保险杠	可见伤：□有 □无　　色差：□有 □无　　喷漆：□是 □否 钣金：□是 □否　　更换：□是 □否 结果描述：_____
发动机舱盖	□更换 □钣金 □喷漆　　　左右间隙：□平均一致 □异常 铰链：□锈蚀 □正常　　边缘封胶：□正常 □异常 结果描述：_____
右前翼子板	喷漆：□是 □否　　钣金：□是 □否　　更换：□是 □否 结果描述：_____

续表

\multicolumn{2}{c}{1. 检查车身外观}	
项目	检查结果
右前车轮	更换：☐是 ☐否　　划痕：☐有 ☐无　　裂纹：☐有 ☐无 破损：☐是 ☐否 结果描述：_____ _____
右前车轮轮毂	更换：☐是 ☐否　　划痕：☐有 ☐无　　裂纹：☐有 ☐无 破损：☐是 ☐否 结果描述：_____ _____
右前车门	平整：☐是 ☐否　　色差：☐是 ☐无　　喷漆：☐是 ☐无 钣金：☐是 ☐无　　划痕：☐是 ☐无　　变形：☐是 ☐无 凹陷：☐是 ☐无　　锈蚀：☐是 ☐无　　裂纹：☐是 ☐无 结果描述：_____ 胶体：☐变形　　☐老化　　☐正常 铰链：☐锈蚀　　☐正常 固定螺丝：☐拧动痕迹 ☐正常 更换：☐是　　☐否 结果描述：_____ _____
右前车窗玻璃	生产日期：☐基本一致 ☐相差很大 裂纹/裂点：☐有　　☐无 更换：☐是 ☐无 结果描述：_____ _____
右前门框	变形：☐是 ☐无 结果描述：_____ _____

续表

项目	检查结果
	1. 检查车身外观
右A柱	修复：□是 □否　　喷漆：□是 □否　　变形：□是 □否 扭曲：□是 □否　　更换：□是 □否　　烧焊：□是 □否 褶皱：□是 □否 结果描述：_____
右后视镜	后视镜加热：□有 □无　　电动折叠后视镜：□有 □无 更换：□有 □无 结果描述：_____
右前侧底大边	焊接：□有 □无　　变形：□有 □无　　破损：□有 □无 结果描述：_____
右后车门	平整：□是 □否　　色差：□有 □无　　喷漆：□有 □无 钣金：□有 □无　　划痕：□有 □无　　变形：□有 □无 凹陷：□是 □否　　锈蚀：□有 □无　　裂纹：□有 □无 结果描述：_____ 胶体：□变形　　□老化　　□正常 铰链：□锈蚀　　□正常 固定螺丝：□拧动痕迹 □正常 更换：□是　　□否 结果描述：_____
右后门框	变形：□是 □无 结果描述：_____
右B柱	修复：□是 □否　　喷漆：□是 □否　　变形：□是 □否 扭曲：□是 □否　　更换：□是 □否　　烧焊：□是 □否 褶皱：□是 □否 结果描述：_____

续表

1. 检查车身外观		
项目	检查结果	
右C柱	修复：□是 □否　　喷漆：□是 □否　　变形：□是 □否 扭曲：□是 □否　　更换：□是 □否　　烧焊：□是 □否 褶皱：□是 □否 结果描述：_____ _____	
右后侧底大边	焊接：□有 □无　　变形：□有 □无　　破损：□有 □无 结果描述：_____ _____	
右后翼子板	喷漆：□是 □否　　钣金：□是 □否　　更换：□是 □否 结果描述：_____ _____	
右后轮胎	更换：□是 □否　　划痕：□有 □无　　裂纹：□有 □无 破损：□是 □否 结果描述：_____ _____	
右后车轮轮毂	划痕：□有 □无　　破损：□有 □无 结果描述：_____ _____	
行李箱盖	色差：□有 □无　　左右间隙：□平均一致 □异常 喷漆：□是 □否　　钣金：□是 □否 结果描述：_____ _____	
后尾灯	灯体：□松动 □正常　　灯罩：□划痕 □裂纹 □水雾 结果描述：_____ _____	
后保险杠	可见伤：□有 □无　　色差：□有 □无　　喷漆：□是 □否 钣金：□是 □否　　更换：□是 □否 结果描述：_____ _____	

续表

\multicolumn{2}{c}{1. 检查车身外观}	
项目	检查结果
油箱盖	开启：□正常　□卡滞 结果描述：
后风窗玻璃	生产日期：□基本一致　　□相差很远　　裂纹：□有　□无 更换：□有　□无 结果描述：
左后翼子板	喷漆：□是　□否　　钣金：□是　□否　　更换：□是　□否 结果描述：
左后车轮	更换：□是　□否　　划痕：□有　□无　　裂纹：□有　□无 破损：□是　□否 结果描述：
左后车轮轮毂	更换：□是　□否　　划痕：□有　□无　　裂纹：□有　□无 破损：□是　□否 结果描述：
左后车门	平整：□是　□否　　色差：□是　□无　　喷漆：□是　□无 钣金：□是　□无　　划痕：□是　□无　　变形：□是　□无 凹陷：□是　□否　　锈蚀：□是　□无　　裂纹：□是　□无 结果描述： 胶体：□变形　　□老化　　□正常 铰链：□锈蚀　　□正常 固定螺丝：□拧动痕迹　□正常 更换：□是　　□否 结果描述：

续表

1. 检查车身外观	
项目	检查结果
左后门框	变形：□是 □无 结果描述：
左B柱	修复：□是 □否　　喷漆：□是 □否　　变形：□是 □否 扭曲：□是 □否　　更换：□是 □否　　烧焊：□是 □否 褶皱：□是 □否 结果描述：
左C柱	修复：□是 □否　　喷漆：□是 □否　　变形：□是 □否 扭曲：□是 □否　　更换：□是 □否　　烧焊：□是 □否 褶皱：□是 □否 结果描述：
左后侧底大边	焊接：□有 □无　　变形：□有 □无　　破损：□有 □无 结果描述：
2. 检查发动机舱	
检查项目	检查结果
发动机舱盖锁	卡滞：□是 □否　　损坏：□是 □否　　锁止关闭：□正常 □异常 结果描述：
发动机舱盖铰链	铰链：□锈蚀 □正常 结果描述：
防火墙	隔声板：□更换 □拆卸 □损伤 □正常 隔热防火设备：□更换 □拆卸 □损伤 □正常 结果描述：

续表

项目	2. 检查发动机舱
	检查结果
减震器座	减震器螺钉拧动：□是 □否　　胶体：□正常 □异常 原厂焊点：□正常 □异常 结果描述：_____
翼子板内衬	内侧螺钉拧动：□是 □否　　内侧螺钉：□修复 □更换 轮眉内部：□正常 □异常　　胶体：□正常 □异常 原厂焊点：□正常 □异常 结果描述：_____
前部纵梁	纵梁根部：□修复 □更换 □损坏 □正常 结果描述：_____
吸能盒	吸能盒：□修复 □变形 □正常 结果描述：_____
发动机变速器	发动机：□不正常渗油 □正常渗油 变速器：□不正常渗油 □正常渗油 检查发动机油液：□正常 □缺漏 □变质 结果描述：_____
防撞梁	防撞梁：□修复 □更换 □损坏 □正常 结果描述：_____
前照灯支架	前照灯支架：□修复 □变形 □正常 结果描述：_____
机油	机油：□严重混入冷却液 □轻微混入冷却液 □正常 结果描述：_____

续表

2. 检查发动机舱	
项目	检查结果
气缸盖	气缸盖：□机油严重渗漏 □机油轻微渗漏 □正常 结果描述：
前翼子板内缘、散热器框架、横拉梁	前翼子板内缘、散热器框架、横拉梁： □严重凹陷 □轻微凹陷 □严重修复 □轻微修复 □正常 结果描述：
散热器格栅	散热器格栅：□严重破损 □轻微破损 □正常 结果描述：
蓄电池电极	蓄电池电极：□严重渗漏 □轻微渗漏 □严重缺少 □轻微缺少 □正常 结果描述：
发动机传送带	发动机传送带：□严重老化 □轻微老化 □正常 结果描述：
油管、水管	油管、水管：□老化 □裂痕 □正常 结果描述：
线束	线束：□老化 □破损 □正常 结果描述：

3. 评价标准

班级：	姓名：		得分：
日期：	学号：		
序号	检查项目	得分条件	分值	得分
1	检查车身表面	左前车门检查方法正确、操作规范	1分	
2		左前车窗玻璃检查方法正确、操作规范	1分	
3		左前门框检查方法正确、操作规范	1分	
4		左A柱检查方法正确、操作规范	1分	

续表

序号	检查项目	得分条件	分值	得分
5	查车身表面	左后视镜检查方法正确、操作规范	1分	
6		左侧底大边检查方法正确、操作规范	1分	
7		左前翼子板检查方法正确、操作规范	1分	
8		左前轮胎检查方法正确、操作规范	3分	
9		左前车轮轮毂检查方法正确、操作规范	1分	
10		前风窗玻璃检查方法正确、操作规范	1分	
11		前照灯检查方法正确、操作规范	3分	
12		前保险杠检查方法正确、操作规范	1分	
13		发动机舱盖检查方法正确、操作规范	1分	
14		右前翼子板检查方法正确、操作规范	1分	
15		右前车轮检查方法正确、操作规范	3分	
16		右前车轮轮毂检查方法正确、操作规范	1分	
17		右前车门检查方法正确、操作规范	1分	
18		右前车窗玻璃检查方法正确、操作规范	1分	
19		右前门框检查方法正确、操作规范	1分	
20		右A柱检查方法正确、操作规范	1分	
21		右后视镜检查方法正确、操作规范	1分	
22		右前侧底大边检查方法正确、操作规范	1分	
23		右后侧门检查方法正确、操作规范	1分	
24		右后门框检查方法正确、操作规范	1分	
25		右B柱检查方法正确、操作规范	1分	
26		右C柱检查方法正确、操作规范	1分	
27		右后侧底大边检查方法正确、操作规范	1分	
28		右后翼子板检查方法正确、操作规范	1分	
29		右后车轮检查方法正确、操作规范	1分	
30		行李箱盖检查方法正确、操作规范	1分	
31		后尾灯检查方法正确、操作规范	1分	
32		后保险杠检查方法正确、操作规范	1分	
33		油箱盖检查方法正确、操作规范	1分	
34		后风窗玻璃检查方法正确、操作规范	1分	

续表

序号	检查项目	得分条件	分值	得分
35	检查车身表面	左后翼子板检查方法正确、操作规范	1分	
36		左后车轮检查方法正确、操作规范	1分	
37		左后车轮轮毂检查方法正确、操作规范	1分	
38		左后车门检查方法正确、操作规范	1分	
39		左后门框检查方法正确、操作规范	1分	
40		左B柱检查方法正确、操作规范	1分	
41		左C柱检查方法正确、操作规范	1分	
42		左后侧底大边检查方法正确、操作规范	1分	
43	检查发动机舱	发动机舱盖检查方法正确、操作规范	3分	
44		发动机舱盖铰链检查方法正确、操作规范	1分	
45		防火墙检查方法正确、操作规范	1分	
46		减震器座检查方法正确、操作规范	3分	
47		翼子板内衬检查方法正确、操作规范	1分	
48		前部纵梁检查方法正确、操作规范	1分	
49		吸能盒检查方法正确、操作规范	1分	
50		发动机、变速器检查方法正确、操作规范	1分	
51		防撞梁检查方法正确、操作规范	3分	
52		前照灯支架检查方法正确、操作规范	1分	
53		机油检查方法正确、操作规范	3分	
54		气缸盖检查方法正确、操作规范	1分	
55		前翼子板内衬、散热器框架、横拉梁检查方法正确、操作规范	1分	
56		散热器格栅检查方法正确、操作规范	3分	
57		蓄电池电极检查方法正确、操作规范	3分	
58		发动机传送带检查方法正确、操作规范	1分	
59		油管、水管检查方法正确、操作规范	3分	
60		线束检查方法正确、操作规范	3分	

续表

序号	检查项目	得分条件	分值	得分
61	综合素质	能够正确地使用各种检测工具	3分	
62		检测过程完整、规范	3分	
63		通过小组协作完成任务	3分	
64		小组成员全体参与	3分	
65		成员分工明确	3分	
66		检查细致、严谨	3分	

 自我分析与总结

学生改错：

学会的内容

学生总结：

任务三　车辆动态检查

任务导入

公司经理安排小蔡对客户车辆进行路试检查,路试环节非常重要,"百看不如一试",一台车的好坏只有通过路试检查才能确定。虽然小蔡有3年的驾龄,但是该如何对二手车进行动态检查呢?

任务说明

二手车动态检查是汽车在工作状态下,评估人员根据自己的经验和技能,辅以简单的量器具,通过对汽车设定各种工况,如发动机起动、怠速、起步、加速、匀速、滑行、强行减速、紧急制动、从低速挡到高速挡、从高速挡到低速挡的行驶,检查汽车的动力性能、经济性能、制动性能、操纵性能、滑行性能、加速性能及噪声和废气排放情况,以综合评定二手车的技术状况。

学习目标

(1) 发动机起动性能检查项目和方法;
(2) 汽车路试检查项目和方法;
(3) 根据动态检查结果,准确评价车辆技术状况。

任务准备

在进行二手车动态检查之前,需要准备的工具和用品有:一个笔记本,一个文件夹,一支签字笔,一个小型计时器,一张白纸,一些纸巾。

 **任务实施**

子任务一　路试前检查					
序号	内容	讲解视频	序号	内容	讲解视频
步骤1	检查灯光		步骤3	检查发动机性能（重点）	
步骤2	读取车辆数据				

子任务二　路试检查		
序号	内容	讲解视频
步骤1	检查汽车动力性能	
步骤2	检查汽车经济性能	
步骤3	检查汽车制动性能	
步骤4	检查传动系统	
步骤5	检查汽车行驶稳定性	
步骤6	检查汽车行驶平顺性	
步骤7	检查风噪声	

子任务三　路试后检查（企业）					
序号	内容	讲解视频	序号	内容	讲解视频
步骤1	检查温度		步骤2	检查"四漏"现象	

 实施要点

二手车动态检查是指汽车在工作状态下的检查。通过对汽车各种工况，如发动机起动、怠速、起步、加速、滑行、强行减速、紧急制动及从低速挡到高速挡和从高速挡到低速挡的行驶，检查汽车的操纵性能、制动性能、滑行性能、加速性能、噪声和废气排放情况，以鉴定二手车的技术状况。与静态检查相比，动态检查的主要目的是判断整车各总成及零部件性能指标的优劣，通过车辆运行，暴露出潜在的问题（如零件老化等），以检查的分析结果为车辆性能优劣程度量化分级。

子任务一 路试前检查

根据二手车鉴定评估技术规范 GB/T 30323—2013 的规定，按照表 3-3-1 进行 10 个项目的检查，并记录检查结果。如检查第 2 项时发现仪表板指示灯显示异常或出现故障报警，则应查明原因，并在《二手车鉴定评估报告》或《二手车技术状况鉴定书》的技术状况缺陷描述中予以注明。

提示引导

提示：在做动态检查之前，要先做静态检查，这一顺序不可更改。如果车辆存在安全隐患的话，有可能通过静态检查发现，从而避免直接做动态检查造成的不必要的损伤。

表 3-3-1 起动检查项目作业表

序号	检查项目	描述检查结果
1	车辆起动是否顺畅（时间少于 5 s，或一次起动）	
2	仪表板指示灯显示是否正常，无故障报警	
3	各类灯光和调节功能是否正常	
4	泊车辅助系统工作是否正常	
5	制动防抱死系统（ABS）工作是否正常	
6	空调系统风量、方向调节、分区控制、自动控制、制冷工作是否正常	
7	发动机在冷、热车条件下怠速运转是否稳定	
8	怠速运转时发动机是否无异响，空挡状态下逐渐增加发动机转速，发动机声音过渡是否无异响	
9	车辆排气是否无异常	
10	其他	

步骤1：检查灯光

检查示宽灯、近光灯、远光灯、左转向灯、右转向灯、雾灯、制动灯、危险报警灯等灯光是否齐全、有效，光色和光强是否符合国家标准有关规定。检查时需要两人配合检查，一人在车内按照一定的顺序操作灯光键，另外一人在车外观察灯光是否有效，并给出反馈。二手车的配光性能好坏能反映车主对车辆的维护认真程度。检查车灯的新旧程度，应保持一致，前后灯位缝隙应均匀且左右对称。

步骤2：读取车辆数据信息

起动汽车，连接数码诊断仪，读取车辆数据信息，检查汽车工作状况，诊断汽车是否有故障。

步骤3：检查发动机性能

1. 检查发动机起动性能

打开点火开关，观察油压指示灯是否亮、燃油表和水温表是否正常。

起动发动机，感觉发动机起动是否顺畅。如果起动不成功，再次尝试，注意每次起动时间不超过5 s，每次起动时间间隔应在15 s以上，正常情况下，应在3次以内起动成功。起动后油压指示灯和充电指示灯应熄灭。

2. 检查发动机怠速运转情况

发动机起动后使其怠速运转，观察仪表盘上的发动机转速表，正常的发动机怠速时转速表应在（800±50）r/min左右，不同的发动机怠速转速有一定的差别。打开空调，发动机转速应有所上升。

打开发动机舱盖，观察怠速运转情况，怠速应平稳，发动机振动很小。如果发动机运转3~5 min后仍有明显的杂声、抖动或者转速不均匀等现象，则说明该车怠速不良。

 自主学习资源

更多案例——发动机起动性困难原因分析

对于汽油发动机，怠速不良的主要原因有点火正时不正确、气门间隙不正确、配气正时或怠速调整不当、真空管漏气、曲轴箱强制通风单向阀在怠速时不能关闭（不密封或卡滞）、废气再循环装置误动作、点火或供油系统工作不良、各缸压缩压力不一致等。

对于柴油机，怠速不良的主要原因有供油正时、气门间隙、配气正时或怠速调整不当，燃油中有水或黏度不符合要求，各缸柱塞及喷油器工况不一致，调速器锈蚀或松旷，

供油拉杆对应的拨叉或齿扇松动,各缸喷油量或喷油压力不一致等。

发动机怠速时,若出现转速过高、过低、发动机抖动严重等现象,均表明发动机怠速不良。引起发动机怠速不良的原因多达几十种,这是汽车维修检测人员工作中的一大难题,通常需要耗费很多工时,甚至有些车的怠速不良是顽疾,一直都无法解决,对此评估人员应引起重视。

3. 检查发动机急加速性能

待水温、油温正常后,缓慢踩加速踏板(对于带节气门的车辆,可以用手转动节气门完成操作),检查发动机在各种转速下运转是否平稳、改变转速时过渡是否圆滑,如图 3-3-1 所示。在加速过程中,检查发动机有无敲缸或气门运动噪声。正常情况下,如果发动机技术状况良好,各运动部件配合间隙适当、润滑良好、工作温度正常,燃油供给及点火正时准确,无论转速和负荷怎样变化,发动机发出的应该是一种平稳而有节奏的轰鸣声。在额定转速内,发动机发出敲击声、咔嗒声、咯咯声、尖叫声等均是不正常的响声。

迅速踩下加速踏板,使发动机由怠速状态猛加速,观察发动机转速由低到高的反应灵敏性,此时发动机应无"回火"和"放炮"现象。迅速松开节气门,看是否会出现熄火现象。

图 3-3-1 检查发动机加速性能

4. 检查发动机窜油、窜气

检查发动机窜气量的多少是很重要的,它可以反映出发动机气缸密封性的好坏,从而确定发动机技术状况是否良好。如果窜气量大,则说明活塞、活塞环磨损大,发动机需要大修。

检查发动机窜气量的方法是:打开机油加注口,将一张白纸放在离机油口 5 cm 左右的地方,然后缓慢加油,若窜气、窜油,则白纸上会有油迹,窜气严重时油迹增大。如果发动机窜气非常严重,则肉眼便可以观察到油雾气。

5. 检查排气颜色

正常的汽车发动机排出的气体是无色的,在严寒的冬季可见白色的水气;柴油发动机带负荷运转时,发动机排出的气体一般是灰色的,负荷加重时排气颜色会深一些。汽车排气常有以下三种不正常的烟雾。

1）排气冒黑烟

排气冒黑烟说明混合气过浓，油多气少，发动机不能将它们完全燃烧，可能是空气滤清器过脏、进气不足，或是电控燃油喷射系统出现故障。当发动机运行在浓混合气时，排气中的三元催化转化器变成一个催化反应炉，这样把转化器的工作温度升高到了一个危险程度，经过一段时间后更高的工作温度可能导致催化转化器破裂或融化。长期的混合气过浓会导致气门积炭，影响气门的密封性，车辆的动力性将受到影响，具体体现为上坡困难、加速无力等。

2）排气呈蓝色

排气呈蓝色说明发动机有烧机油的现象，机油窜入燃烧室。若机油油面不高，最常见的原因是气缸与活塞密封出现问题，即活塞、活塞环因磨损与气缸的间隙过大。这种现象一般出现在使用时间较长的车辆上。另外在更换机油时，一定要按照规定适量添加，如果加多了，在飞溅润滑时也可能导致大量的机油窜入气缸，发生烧机油的现象。呈蓝色的尾气中的化学成分会直接影响三元催化器的寿命。

3）排气颜色发白

排气颜色发白说明废气中水蒸气的含量较多。白烟意味着发动机烧自身冷却系统中的冷却液，这可能是气缸垫烧坏，使冷却液从冷却液通道渗漏到燃烧室中；也可能是缸体有裂纹，冷却液进入气缸内，这种发动机的价值就要大打折扣。白烟的另一种解释是非常冷和潮湿的外界空气（低露点）引起，这种现象类似于人们在非常寒冷的天气中呼吸时呼气的凝结，发动机热排气与又冷又湿的大气混杂在一起产生白色烟雾（蒸汽），但是当汽车热起来后，因为湿度含量低，白色蒸汽应当消失。当然，如果在非常寒冷的气候条件下检查一辆汽车，即使在发动机热起来后，它的排气也可能继续冷凝，此时就要靠鉴定评估人员的判断力了。如果在暖和的天气里看到冒白烟，则可能表明有某种机械问题。

（4）排气流不平稳。将手放在距排气管排气口 10cm 左右处，感觉发动机怠速时排气流的冲击，正常排气流有很小的脉冲感。若排气流有周期性的打嗝或不平稳的喷溅，则表明气门、点火或燃油系统有问题而引起间断性失火。

此外，也可将一张白纸悬挂在靠近排气口 10 cm 左右，如果纸不断地被排气流吹开，则表明发动机运转正常；如果纸偶尔地被吹向排气口，则发动机配气机构可能有很大问题。

子任务二 路试检查

汽车是由大量的零部件构成的，汽车的正常行驶要靠各个系统、总成包括一些电控单元共同来完成。评价一辆车性能的优劣，不能单靠检查各个零部件的新旧程度或者是某个总成的技术状况，在进行完静态检查和发动机工况的检查后，需要对车辆进行路试。在行进的过程中，评估人员通常通过观察汽车的表象，依靠专业知识和经验，对整车性能的好坏进行综合评价。汽车路试一般行驶 20 km 左右，时间为 15~20 min。

> **提示引导**
>
> 提示：在做路试检查时，要在规定的区域进行，以免因二手车自身安全隐患发生安全事故。此外，还需选择不同路况进行，这样更有利于发现二手车动力性、制动性、操纵稳定性等方面不容易被发现的问题。

根据二手车鉴定评估技术规范 GB/T 30323—2013 的规定，按照表 3-3-2 的要求检查 10 个项目，并记录检查结果。如果检查第 6 项时发现制动系统出现制动距离长、跑偏等不正常现象，则应在《二手车鉴定评估报告》或《二手车技术状况表》的技术状况缺陷描述中予以注明，并提示修复前不宜使用。

表 3-3-2　路试检查项目作业表

序号	检查项目	描述检查结果
1	发动机运转、加速是否正常	
2	车辆起动前踩下制动踏板，保持 5~10 s，踏板无向下移动的现象	
3	踩住制动踏板起动发动机，踏板是否向下移动	
4	行车制动系统最大制动效能在踏板全行程的 4/5 以内到达	
5	行驶是否无跑偏	
6	制动系统工作是否正常有效、制动不跑偏	
7	变速器工作是否正常、无异响	
8	行驶过程中车辆底盘部位是否无异响	
9	行驶过程中车辆转向部位是否无异响	
10	其他	

步骤 1：检查汽车动力性能

动力性是汽车性能中最重要和最基本的部分，因此在路试中检查汽车的加速性能成了必不可少的环节。通过道路试验分析汽车动力性能，其结果接近于实际情况。汽车动力性在道路试验中的检测项目一般有高挡加速时间、起步加速时间、最高车速、陡坡爬坡车速、长坡爬坡车速等，有时为了评价汽车的拖挂能力，也进行汽车牵引力检测。

小客车动力性最常见的指标是从静止状态加速至 100 km/h 所需要的时间和最高车速，其中前者是最具意义的动力性能指标和国际流行的小客车动力性能指标。

1. 检查汽车的加速性能

选择一段宽敞的道路，原地起步加速行驶，猛踩加速踏板看提速是否迅速，有无"推背感"，通常急加速时，发动机发出强劲的轰鸣声，车速迅速提升。各种汽车设计时的加速性能不尽相同，就轿车而言，一般发动机排量越大，加速性能就越好。有经验的汽车评估人员能够了解各种常见车型的加速性能，通过路试能够检查出被检汽车的加速性能与正常的该型号汽车加速性能的差距。

2. 检查汽车的爬坡性能

检查汽车在相应的坡道上，使用相应挡位时的动力性能是否与经验值接近，感觉是否正常。

3. 检查汽车的最高车速

在道路条件允许的情况下，检查车辆能否达到原设计的最高时速，同时检查高速行驶时车辆的稳定性。

步骤2：检查汽车经济性能

汽车的燃油经济性是指汽车以最低的消耗费用完成运输工作的能力。通常用单位行驶里程的燃油消耗量、单位运输工作量的燃油消耗量或消耗单位量的燃油所行驶的里程来评价燃油经济性。

燃油经济性的简易检测方法：进行测量前将油箱加满油（注意：是指加到能从加油口处看到油），将里程表中的短程里程表清零后上路，当短程里程表的指示数到达100 km左右时，再找一个加油站加到能看到油的那个位置并记录加了多少升油。记录下的加油量除以短程里程表上的公里数再乘以100，就可以计算出百公里油耗了。

进行测量时要考虑车辆使用条件、驾驶技术、车辆保养、燃油差异和车辆磨合情况等影响耗油量的因素，以便更合理地测出被评估车辆的实际耗油量。为提高测量的准确性，进行2～3次测量后取平均值。

步骤3：检查汽车制动性能

制动性能的好坏直接关系到我们的生命财产安全，在检查时必须仔细，不可掉以轻心。汽车上一般都配备有两套制动系统：行车制动和驻车制动，即"脚刹"和"手刹"。评价制动性能包括三个方面的内容：制动效能、制动效能的稳定性及制动时的方向稳定性。

1. 检查驻车制动

检查驻车制动的方法是，在坡道上实施驻车制动，看汽车能否停驻稳定、牢靠，有无溜车的现象。驻车制动力应不小于整车质量的20%，制动力的大小可以用制动台测得。

2. 检查制动效能

制动效能是指使汽车减速至停车的能力。制动效能的评价指标有制动时间、制动减速度、制动力和制动距离。制动距离通过路试可以很方便地测得，但路试检查制动是比较危险的动作，需要在行人、车辆稀少的宽阔路面进行。检车方法：将车速提升至 50 km/h，迅速将制动踏板踩到底，首先观察制动系统是否立即工作、车辆是否立即减速，停车后测量制动距离。

3. 检查制动效能的稳定性

制动效能的稳定性一般是指抗热衰退性和抗水衰退性，前者是指在连续制动时制动效能的保持程度，后者是指汽车在涉水后保持制动效能的能力。检查方法：选择长、大的下坡道路，连续、较长时间地进行较大强度的制动，制动器温度升高后，摩擦副的摩擦系数减小，摩擦力矩下降，这时检查汽车的制动效能衰退状况。

4. 检查制动时的方向稳定性

在紧急制动过程中，观察汽车是否存在跑偏、侧滑和失去转向的能力，如果存在，则很可能是同一车桥上的两个车轮制动力不等，或者是制动力不能同时作用在两个车轮上导致的。检查方法：将车加速至 20 km/h 做一次紧急制动，检查制动是否可靠，有无跑偏、甩尾现象；再将车加速至 50 km/h，先用点制动的方法检查汽车是否立即减速、跑偏，再用紧急制动的方法检查制动距离和跑偏量。

5. ABS 系统的检查

起动发动机时仪表板上的 ABS 灯会亮起几秒后熄灭，这是系统在进行自检。如果 ABS 灯没有熄灭，则表示系统有故障。在行驶过程中，试着在 30km/h 以上的车速紧急制动，如果 ABS 正常，脚下应能感觉到制动踏板的脉动；如果没有，则说明 ABS 系统有故障。

6. 检查制动系统拖滞情况

检查汽车制动系统是否拖滞，以 30 km/h 的速度行驶，摘空挡后，检查滑行距离，一般轿车应不少于 150 m。

步骤 4：检查传动系统工作状况

1. 检查离合器

正常的离合器应该是接合平稳、分离彻底，工作时不得有异响、抖动和不正常打滑现象。踏板自由行程应符合机动车技术条件的有关规定，自由行程过小，一般说明离合器摩擦片磨损严重。踏板力应与该型号车辆的踏板力相适应，各种车辆的踏板力应不大于 300 N。

离合器常出现的故障为打滑和分离不彻底，有的还有异响。这些故障会导致像起步困难、行驶无力、爬坡困难、变速器齿轮发出刺耳的撞击声、起步时车身发抖等现象。

1) 检查离合器是否分离不彻底

在发动机怠速状态下，踩下离合器踏板，如果离合器踏板几乎触底时才能切断离合器；或是踩下离合器踏板，感到挂挡困难或变速器齿轮出现刺耳的撞击声；或挂挡后不抬离合器踏板，车子也可以开始行进，表明该车的离合器分离不彻底。其原因是：离合器踏板自由行程过大、离合器压盘限位螺钉调整不当，或是更换了过厚的离合器摩擦片、离合器分离杠杆不在同一平面上。

2）检查离合器是否打滑

起动汽车，挂上 1 挡后慢抬离合器，如果车子没反应，发动机也不熄火，则说明离合器打滑；或者重新进行一次起步测试，直接挂入 3 挡起步，若发动机不熄火，则说明离合器打滑。其原因是：离合器踏板自由行程太小，分离轴承经常压在膜片弹簧上，使压盘总是处于分离状态；离合器压盘弹簧过软或折断等。

3）检查离合器异响

起动汽车，正常运行过程中，检查离合器分离或接合时是否发出不正常异响，如果有，则说明离合器内部零件有损坏，需要进行修理。其故障原因是：分离轴承磨损严重，轴承回位弹簧过软或折断，膜片弹簧支架有故障等。

2. 检查变速器

1）检查手动变速器（主要检查换挡质量及异响）

在路试中，由低速挡逐步换至最高挡行驶，再由高挡减至低速挡，检查各挡位是否换挡平顺，换挡是否轻便灵活，是否有异响，是否有乱挡、自动脱挡等现象，换挡时变速杆不得与其他部件发生干涉。

发动机怠速运转，变速器处于空挡时有异响，踩下离合器踏板异响消失，说明噪声是由变速器故障引起的；换挡时，变速器齿轮发出响声说明变速器换挡困难，一般是由变速传动机构失调、同步器损坏等引起的，如果同步器损坏，则需要考虑更换同步器，费用较高；汽车行驶时，如果变速器发出不正常声响，且伴随着车速的增加而提高，说明变速器各轴弯曲变形，轴承磨损过度、松旷或缺油，齿轮损伤等导致啮合不良。

当变速器出现乱挡、自动脱挡时，说明变速器内部磨损严重，需要更换磨损的零部件才能恢复正常的性能；在路试中，如果换挡后出现变速杆发抖现象，则说明汽车变速器使用时间很长。

2）检查自动变速器

（1）自动变速器汽车路试前的准备工作。

在路试前，先保持汽车以中低速行驶 5~10 min，让发动机和自动变速器都达到正常工作温度。

（2）检查自动变速器升挡。

将变速杆拨至前进挡（D 位），踩下加速踏板，并使节气门保持在 1/2 开度左右，让汽车起步加速,检查自动变速器的升挡情况。自动变速器在升挡时发动机会有瞬时的转速下降,同时车身有轻微的颤动感。正常情况下,随着车速的升高,试车者应能感觉到自动变速器能否顺利地由1挡升入2挡,随后再由2挡升入3挡,最后升入超速挡。若自动变速器不能升入高速挡(3挡及更高速挡),则说明控制系统或换挡执行元件有故障。

(3)检查自动变速器升挡车速。

将变速杆拨至前进挡(D位),踩下加速踏板,并使节气门保持在某一固定开度,让汽车加速。当察觉到自动变速器升挡时,记下升挡车速。一般4挡自动变速器在节气门开度保持1/2时由1挡升至2挡的升挡车速为25~35 km/h,由2挡升至3挡的升挡车速为55~70 km/h,由3挡升至4挡(超速挡)的升挡车速为90~120 km/h。只要升挡车速基本保持在上述范围内,而且汽车行驶中加速良好,无明显的换挡冲击,都可以认为其升挡车速基本正常。

升挡车速太低一般是控制系统故障所致;换挡车速太高则可能是控制系统或是换挡执行元件的故障所致。

(4)检查自动变速器升挡时发动机转速。

在正常情况下,若自动变速器处于经济模式或普通模式,节气门保持在低于1/2开度范围内,则在汽车由起步加速直至升入高速挡的整个行驶过程中,发动机转速都低于3 000 r/min。通常在加速至即将升挡时发动机转速可达到2 500~3 000 r/min,在刚刚升挡后的短时间内发动机转速下降至2 000 r/min左右,如果在整个行驶过程中发动机转速始终过低,加速至升挡时仍低于2 000 r/min,则说明升挡时间过早或发动机动力不足;如果在行驶过程中发动机转速始终偏高,升挡前后的转速在2 500~3 000 r/min,而且换挡冲击明显,则说明升挡时间过迟;如果在行驶过程中发动机转速过高,经常高于3 000 r/min,在加速时达到4 000~5 000 r/min,甚至更高,则说明自动变速器的换挡执行元件(离合器或制动器)打滑,需要拆修自动变速器。

(5)检查自动变速器换挡质量。

换挡质量的检查内容主要是检查有无换挡冲击。正常的自动变速器只能有不太明显的换挡冲击,特别是电子控制自动变速器的换挡冲击十分微弱。若换挡冲击太大,则说明自动变速器的控制系统或换挡执行元件有故障,其原因可能是油路油压过高或换挡执行元件打滑,需要维修。

(6)检查自动变速器的锁止离合器工作状况。

让汽车加速至超速挡,以高于80 km/h的车速行驶,并让节气门开度保持在低于1/2的位置,使变矩器进入锁止状态。此时,快速将加速踏板踩下至2/3开度,同时检查发动机转速的变化情况,若发动机转速没有太大变化,则说明锁止离合器处于接合状态;反之，若发动机转速升高很多，则表明锁止离合器没有接合，其原因通常是锁止控制系统有故障。

（7）检查发动机制动功能。

检查自动变速器有无发动机制动作用时，应将变速杆拨至低速挡（S、L或2、1位），在汽车以1挡或2挡行驶时，突然松开加速踏板，检查是否有发动机制动作用。若松开加速踏板后车速立即随之下降，则说明有发动机制动作用；否则，说明控制系统或前进强制离合器有故障。

（8）检查自动变速器强制降挡功能。

检查自动变速器强制降挡功能时，应将变速杆拨至前进挡（D位），保持节气门开度为1/3左右，在以2挡、3挡或超速挡行驶时突然将加速踏板完全踩到底，检查自动变速器是否被强制降低一个挡位。在强制降挡时，发动机转速会突然上升至4 000 r/min左右，并随着加速升挡转速逐渐下降。若踩下加速踏板后没有出现强制降挡，则说明强制降挡功能失效。若在强制降挡时发动机转速上升过高，达5 000~6 000 r/min，并在升挡时出现换挡冲击，则说明换挡执行元件打滑，需要拆修。

3. 检查汽车滑行能力

在平坦的路面上进行滑行试验，在车速为50km/h左右时将变速器挂入空挡滑行，滑行距离的长短表征传动系统传动效率的高低（滑行距离短也可能是制动系统拖滞造成的）。滑行距离短，传动效率低，说明传动系统的传动阻力大，会使汽车行驶油耗增加，且动力不足。

4. 检查传动间隙

在路试过程中，将汽车加速至50km/h左右时，迅速抬起加速踏板，倾听有无明显的金属撞击声。若有，则说明传动系统某些零部件的配合间隙过大。

步骤5：检查汽车行驶稳定性

车速以50 km/h左右中速直线行驶时，双手松开转向盘，观察汽车行驶状况。此时，汽车应该仍然直线行驶并且不明显地转到另一边。如果汽车明显转向一边，则说明汽车的转向轮定位不准，或左右两侧胎压不等，车身、悬架系统受到过碰撞而发生变形。

车速以90 km/h以上的速度行驶时，观察转向盘有无摆动现象，即所谓的"汽车摆头"。若汽车有高速摆头现象，通常意味着存在严重的车轮不平衡或不对称问题。汽车摆头时，前轮左右摇摆沿波形前进，严重地破坏了汽车的平顺性，直接影响汽车的行驶安全，增大了轮胎的磨损，使汽车只能以较低的速度前进。

选择宽敞的路面，左右转动转向盘，检查转向是否灵活、轻便。若转向沉重，则说明汽车转向机构各球头缺油或轮胎气压过低。对于带助力转向的汽车，转向沉重可能是动力转向泵和齿轮齿条磨损严重，要修理或更换转向齿条相当昂贵。

转向盘最大自由转动量不允许大于15°，若转向盘的自由转动量过大，则说明转向机构磨损严重，使转向盘的游动间隙过大，从而造成转向不灵。

步骤6：检查汽车行驶平顺性

通过检查汽车的行驶平顺性可以综合反映转向系统、悬架以及车轮等部件的性能好坏。在平坦的路面上，汽车在任何车速状态下都不应该有抖动。如果有，则说明汽车的传动系统或行驶系统中的一些旋转部件的动平衡出现了偏差，主要出现在车轮及传动轴上。

将汽车开到粗糙、有凸起的路面上行驶，或通过铁轨、公路接缝处，感觉汽车的平顺性和乘坐舒适性。通常汽车排量越大，行驶越平顺，但燃油消耗也越多。

当汽车转弯或通过不平的路面时，倾听是否有从汽车前端发出的忽大忽小的"嘎吱"声等异响，这可能是滑柱或减震器出现了问题。汽车转弯时，如果车身倾斜过大，则可能是横向稳定杆衬套或减震器磨损严重。

在前轮驱动的汽车上，前面发出"咯哒"声、沉闷金属声、"滴答"声可能是等速万向节已磨损，需要维修。等速万向节的维修费用昂贵，与变速器大修费用差不多。

步骤7：检查风噪声

汽车的噪声源有多种，如发动机、变速器、驱动桥、传动轴、车厢、玻璃窗、轮胎、继电器、喇叭、音响等都会产生噪声，但最主要的噪声源有两个，一个是发动机，一个是轮胎，它们都是被动发生的，而且只要汽车行驶或怠速运转时就会产生。

发动机产生的噪声主要为表面辐射噪声，是发动机内各运动零部件如活塞、连杆、曲轴、齿轮、配气机构、气缸体等之间的机械撞击产生的振动噪声。因此，减少发动机的振动是降低噪声的根本措施。轮胎噪声来自泵气效应和轮胎振动。所谓泵气效应是指当轮胎高速滚动时，负荷使轮胎胎冠在与路面接触时发生快速的挤压变形，同时胎面上凹凸花纹中的空气也受挤压，随着轮胎滚动，空气又在轮胎离开接触面时被释放，这样的连续挤压释放，空气就迸发出噪声，而且车速越快、车辆越重，噪声就越大。为了抑制发动机和轮胎噪声窜入乘员箱，除了尽量减少噪声源外，良好的车厢密封结构，尤其是前围板和地板的密封隔声性能也十分重要。

关闭车窗高速行驶，倾听车外风噪声，通常车速越高，噪声越大。若车门及车窗密封胶条损坏，或车门变形导致密封不严，风噪声会比较大。这种情况一般说明该车可能发生过碰撞，是整形过后的事故车。打开车窗，留心有没有一些不正常的异响，尤其是来自车底部分的异响。有条件的情况下，最好是在各种路况上行驶一段时间，仔细倾听汽车各部分是否有杂声。

子任务三　路试后检查

试车结束后，不要急着做出结论，应注意检查车辆经过一段时间行驶过后的状态是否正常，主要是温度和"四漏"的检查。

步骤1：检查温度

（1）检查油、水温度。检查冷却液温度、机油温度和齿轮油温度。正常情况下，冷却液温度、机油温度应为 80℃～90℃，机油的温度不应超过 95℃，齿轮油的温度不应超过 85℃。

（2）检查运动部件温度。检查轮胎、制动鼓、变速器壳、传动轴等有关运动部件是否有过热的现象。

步骤2：检查"四漏"现象

（1）汽车运行及停车后检查发动机散热器、水泵、缸体各连接部位均应无渗漏现象。

（2）汽车连续行驶距离应不小于 10 km，停车 5 min 后观察机油、变速器油、主减速器油、制动液、助力转向液、减震器等不能有明显的漏油现象。

（3）检查进、排气系统以及气压制动的管路系统和气阀等部位是否有漏气现象。

（4）检查点火系统有无漏电现象。

案例分析

二手车鉴定估价实例——捷达 FV7160ATi

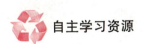

标准法规——二手车车况等级划分

 自主学习资源

企业方案——车辆检验千分表

 立德树人

二手车从业人员职业道德

二手车鉴定评估是专门为二手车流通服务的，所以二手车鉴定评估师从业人员的职业道德就显得特别重要，必须有能遵循的道德准则和行为规范。以下是二手车鉴定评估从业人员需要遵守的职业道德和岗位职责。

1. 二手车鉴定评估从业人员职业道德

遵纪守法、廉洁自律、客观独立、公正科学、诚实守信、规范服务、客户至上、保守秘密、团队合作、锐意进取、操作规范、保证安全。

2. 二手车鉴定评估从业人员岗位职责

（1）必须遵守《二手车鉴定评估从业人员自律守则》，必须履行所在岗位职责。

（2）按质按量接待二手车交易客户，认真受理客户委托的鉴定评估工作。

（3）认真接受客户对二手车交易的咨询，引导客户合法交易。

（4）负责检查二手车交易的各项证件，收集二手车鉴定评估的各类资料，包括政策法规、车辆技术、市场价格信息。

（5）负责对二手车进行技术监督，并现场估算价格。

（6）不对盗抢、走私、非法组装、报废车辆进行鉴定评估和交易。

（7）负责报告鉴定评估结果，与客户商定评估价格。

（8）认真填写评估报告，指导资料员存档。

（9）协助领导做好其他鉴定评估工作。

（10）负责对事故车辆进行损耗评估，并如实撰写评估报告。

 提示引导

重点提示——"1+X"考核要求

知识要求	技能要求	讲解视频
机动车制动性能检查流程	能进行机动车制动性能检查	

 任务巩固与拓展

1. 任务巩固：简答题

班级：	姓名：	学号：
1. 动态检查的项目包括哪些？		
2. 动态检查的目的是什么？		
3. 路试前如何检查发动机起动情况？		
4. 路试前如何检查发动机怠速情况？		

续表

班级：	姓名：	学号：

5. 路试前，如何检查发动机急加速情况？

6. 汽车尾气有几种颜色？说明什么问题？

7. 路试检查：请同学们扫码观看视频，回答问题。

　（1）发动机点火之后检测的项目有哪些？怎么检查？

　（2）路试时判断自动变速箱好坏的检查方法有哪些？

　（3）自动变速器汽车各挡位的含义是什么？

　（4）汽车行驶至红绿灯附近时能在 N 挡滑行吗？会对车辆造成什么损害？

　（5）在什么路段检查底盘的性能？底盘有异响的原因是什么？

　（6）路试时转向盘性能的检测方法有哪些？

　（7）视频中评估师介绍的案例车辆转向盘不能自动回位的原因是什么？

8. 路试后应检查什么？

2. 任务拓展

请同学们检查实训室车辆起亚 K2，并记录信息（行业标准）。

1. 检查制动踏板	
项目	检查结果
踩住制动踏板，保持 5~10 s	踏板是否无向下移动：□是 □否 结果描述：_____
踩住制动踏板，起动发动机，踏板是否向下移动	踏板是否向下移动：□是 □否 结果描述：_____

2. 检查发动机运转、加速	
项目	检查结果
平稳踩住加速踏板	发动机状态：□正常 □异常 车速变化：□正常 □异常 结果描述：_____

3. 检查变速器工作	
项目	检查结果
变速杆在不同挡位之间切换	变速器工作是否正常：□是 □否 变速器是否有异响：□是 □否 结果描述：_____
自动挡车型拨至 D 挡，加速至 60 km/h	发动机转速：□正常 □异常　　有无缺挡：□有 □无 无法进挡：□有 □无 结果描述：_____

4. 检查车辆底盘传动系统	
项目	检查结果
自动挡车型拨至 D 位，匀速行驶车辆	底盘异响：□有 □无 结果描述：_____

续表

5. 检查车辆转向	
项目	检查结果
自动挡车型拨至 D 位，车速不要太快，进行转向极限操作	转向盘转向一侧极限，车头异响：□有 □无 转向盘振动、抖动：□有 □无 转型盘转向另一侧极限，车头异响：□有 □无 转向盘振动、抖动：□有 □无 结果描述：

6. 检查行驶跑偏	
项目	检查结果
自动挡车型拨至 D 位，解除驻车制动，踩下加速踏板，直线行驶，双手短暂放离转向盘	车辆跑偏：□是 □否 结果描述：

7. 检查行车制动	
项目	检查结果
自动挡车型拨至 D 挡位，解除驻车制动，踩下加速踏板，直线行驶稳定后踩下制动踏板	行驶制动系统最大制动效能在踏板全行程的 4/5 以内达到：□是 □否 结果描述：
车速 40 km/h 时，紧急制动	制动距离：□正常 □异常　　ABS 工作状态：□正常 □异常 制动跑偏：□是 □否 结果描述：

3. 评价标准

班级：	姓名：	得分：	
日期：	学号：		
序号	得分条件	分值	得分
1	明确工作任务，理解任务在工作中的重要程度	10 分	
2	掌握工作相关知识及检查要点	5 分	
3	能够对制动踏板进行检查	5 分	
4	能够对发动机进行检查	5 分	

续表

序号	得分条件	分值	得分
5	能够对变速器进行检查	5分	
6	能够对车辆底盘传动系统进行检查	5分	
7	能够对车辆转向系统进行检查	5分	
8	能够对行驶过程中的车辆进行检查	5分	
9	能够对车辆制动系统进行检查	5分	
10	检测过程完整、规范	10分	
11	通过小组协作完成任务	10分	
12	小组成员全体参与	10分	
13	成员分工明确	10分	
14	检查细致、严谨	10分	

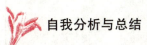

自我分析与总结

学生改错：

学会的内容

学生总结：

项目学习成果实施与测评

1. 项目学习成果名称：鉴定二手车车况

班级：	小组成员：

核心内容
诚信二手车评估机构迎来了一位客户，车主希望给他的爱车起亚 K2 评估一个价格，作为交易的底价。经理安排评估师小蔡对车辆进行技术鉴定

基本要求
学生以小组为单位协作完成本次任务。
任务 1：检查车辆，排查是否为事故车，并填写工单 1。
任务 2：检查车辆外表面，并填写工单 2。
任务 3：检查发动机舱，并填写工单 3。
任务 4：检查驾驶舱和行李箱，并填写工单 4。
任务 5：检查底盘，并填写工单 5。
任务 6：检查车辆起动性能，并填写工单 6

任务实施
小组成员合作完成任务

任务准备
漆膜厚度仪，轮胎花纹深度尺，手电筒，手套，安全帽，整车，车钥匙

工单 1　检查事故车

序号	检查项目	检查过程记录
1	车体左右对称性	
2	左 A 柱	
3	左 B 柱	
4	左 C 柱	
5	右 A 柱	
6	右 B 柱	
7	右 C 柱	
8	左前纵梁	
9	右前纵梁	
10	左前减震器悬挂部位	
11	右前减震器悬挂部位	
12	左后减震器悬挂部位	
13	右后减震器悬挂部位	
14	其他	

工单 2　检查车身表面

序号	检查项目	检查过程记录
1	前风窗玻璃	
2	发动机舱盖表面	
3	前保险杠	
4	前大灯	
5	左前翼子板	
6	左后视镜	
7	左前车门	
8	左前轮轮毂	
9	左前轮轮胎	
10	左后车门	
11	左后轮轮毂	
12	左后轮轮胎	
13	左后翼子板	
14	后风窗玻璃	
15	行李箱盖	

续表

序号	检查项目	检查过程记录
16	后保险杠	
17	后尾灯	
18	右后翼子板	
19	车顶	
20	右后车门	
21	右后轮轮毂	
22	右后轮轮胎	
23	右前车门	
24	右前轮轮毂	
25	右前轮轮胎	
26	右前翼子板	
27	右后视镜	
28	四门车窗玻璃	
29	前后刮水器	
31	其他	

工单3　检查发动机舱

序号	检查项目	检查过程记录
1	发动机舱盖锁止	
2	发动机舱盖液压撑杆	
3	机油有无冷却液混入	
4	缸盖外是否有机油渗漏	
5	前翼子板内缘、散热器框架、横拉梁有无凹凸或修复痕迹	
6	散热器格栅有无破损	
7	蓄电池电极桩柱有无腐蚀	
8	蓄电池电解液有无渗漏、缺少	
9	发动机皮带有无老化	
10	油管、水管有无老化、裂痕	

续表

序号	检查项目	检查过程记录
11	线束有无老化、破损	
12	其他	

工单 4　检查驾驶舱、行李箱

序号	检查项目	检查过程记录
1	车内是否无水泡痕迹	
2	车内后视镜、座椅是否完整、无破损且功能正常	
3	车内是否整洁、无异味	
4	转向盘自由行程转角是否小于 20°	
5	车顶及周边内饰是否无破损、松动及裂缝和污迹	
6	仪表台是否无划痕，配件是否无缺失	
7	排挡把手柄及护罩是否完好、无破损	
8	储物盒是否无裂痕，配件是否无缺失	
9	天窗是否移动灵活、关闭正常	
10	门窗密封条是否良好、无老化	
11	安全带结构是否完整、功能是否正常	
12	驻车制动系统是否灵活有效	
13	玻璃窗升降器、门窗工作是否正常	
14	左、右后视镜折叠装置工作是否正常	
15	左前门车门锁止	
16	左前门立柱密封条	
17	行李箱内侧	
18	行李箱液压支撑杆	
19	行李箱盖锁	
20	行李箱密封条	
21	备胎	
22	千斤顶	
23	轮胎扳手	
24	三角警示牌	
25	灭火器	
26	其他	

工单 5　检查底盘

序号	检查项目	检查过程记录
1	发动机油底壳是否无渗漏	
2	变速箱体是否无渗漏	
3	转向节臂球销是否无松动	
4	三角臂球销是否无松动	
5	传动轴十字轴是否无松旷	
6	减震器是否无渗漏	
7	减震弹簧是否无损坏	
8	排气管及消声器	
9	其他	

工单 6　起动检查

序号	检查项目	检查过程记录
1	车辆起动是否顺畅（时间少 5 s，或一次起动）	
2	仪表板指示灯显示是否正常，无故障报警	
3	各类灯光和调节功能是否正常	
4	空调系统是否正常	
5	发动机怠速运转是否平稳	
6	怠速运转时发动机是否无异响；空挡状态下逐渐增加发动机转速，发动机声音过渡是否无异响	
7	通过诊断仪对车辆故障进行检测	
8	其他	

2. 项目学习成果测评标准

班级：			小组：	
日期：			总分：	
序号	评分项	得分条件	分值	得分
1	排查事故车	项目漏检，每漏一项扣1分	10分	
		检查方法错误，每次扣1分（检查车漆需要用漆膜厚度检测仪，第2~6项需要掀开胶条检查）		
2	检查车辆表面	项目漏检，每漏一项扣0.5分	20分	
		检查方法错误，每次扣0.5分（检查车漆需要用漆膜厚度检测仪，检查轮胎需要用深度尺）		
3	检查发动机舱	项目漏检，每漏一项扣1分（其中第3项为5分，第4项为3分）	20分	
		检查方法错误，每次扣1分（检查车漆需要用漆膜厚度检测仪，需要正确检查机油）		
4	检查驾驶舱、行李箱	项目漏检，每漏一项扣0.5分（第1项扣3分，该工位有钥匙，只做上电检查，不能起动车辆，若失误起动车辆扣5分，若导致车辆移动该项为0分）	10分	
		检查方法错误，每次扣0.5分（检查车漆需要用漆膜厚度检测仪）		
5	检查底盘	项目漏检，每漏一项扣1分（第1、2项，每项扣2分）	10分	
		检查方法错误，每次扣1分		
6	检查车辆起动性能	项目漏检，每漏一项扣1分（第7项需要读取车辆基本信息和车辆故障码，并拍照）	10分	
		检查方法错误，每次扣1分		
7	素质要求	通过小组协作成功完成本次任务	5分	
		小组成员全员参与	5分	
		从容、淡定	5分	
		规范、有序	5分	

项目四　计算二手车价格

项目导读

本项目是在完成二手车技术状况鉴定之后，根据评估目的选择适用的估价标准和评估方法，本着客观、公正的原则对车辆进行价格估算，确定评估结果的工作过程，主要介绍了评估界公认的四种方法：重置成本法、现行市价法、收益现值法、清算价格法，对成新率的计算方法也做了详细的介绍。

学习目标

（1）四种评估方法的原理、应用范围及估算过程。

（2）使用年限法、部件鉴定法、综合分析法的计算过程和方法。

（3）能够根据车辆特点选择合适的成新率计算方法，并准确计算。

（4）能够根据车辆特点选择正确的二手车估价方法，并能够准确估价。

（5）能够通过小组协作完成二手车估价任务。

（6）培养学生公平、公正的工作作风；培养学生独立思考的能力和团结协作的工作意识。

（7）培养学生自觉遵守职业规范的意识；培养学生知法、懂法、守法的法律意识，遇到问题车辆，可以保持理性，拒绝金钱诱惑。

项目实施

在计算车辆成新率时，注意需要结合车辆的车龄、里程、车况、保养等多种因素，综合考虑；在估算二手车价格时，一定要根据车辆特点选择合适的估价方法，并用两种或两种以上的估价方法确定最终的评估价格。

任务一　使用年限法计算成新率

任务导入

今天评估师小蔡的工作是给这台客车用使用年限法计算成新率，车辆基本信息如下：

车型：郑州宇通中型客车，私家车（见图4-1-1）；

购车时间：2017年4月；

行驶里程数：9万km；

初次登记日期：2017年4月；

评估基准日：2021年4月20日。

任务说明

本次任务是评估师用使用年限法计算车辆成新率。使用年限法计算的关键是确定准确的车辆已使用年限和规定使用年限。

图4-1-1　郑州宇通中型客车

学习目标

（1）使用年限法的概念和计算公式。

（2）能够根据车辆证件获得准确的车辆使用时间。

（3）能够根据《机动车报废标准》确定被评估车辆的报废年限。

（4）能够分析被评估车辆是否适用使用年限法计算成新率。

（5）逐步培养学生细心、严谨的工作精神。

任务准备

被评估二手车的机动车行驶证、机动车登记证书、《机动车报废标准》等。

 **任务实施**

序号	内容	讲解视频	序号	内容	讲解视频
步骤1	分析车辆特点，判断是否适用"使用年限法"（重点）		步骤3	查询车辆规定使用年限	
步骤2	计算车辆已使用年限（重点）		步骤4	计算使用年限成新率	

 实施要点

步骤1：分析车辆特点，判断是否适用"使用年限法"

使用年限法是通过确定被评估二手车的尚可使用年限与规定使用年限的比值来确定成新率的一种方法。其计算公式为

$$使用年限成新率=(1-已使用年限/规定使用年限)\times100\% \quad (4\text{-}1\text{-}1)$$

使用年限法估算成新率是基于这样的假设：二手车在规定的使用寿命期内，实体性损耗与时间呈线性递增关系，二手车价值的降低与其损耗大小成正比。因此，可利用被评估二手车的实际使用年限与该车车型规定使用年限的比值来判断其实体性贬值率，进而估算被评估二手车的成新率。

使用年限法计算成新率的前提条件是车辆在正常使用条件下，按正常使用强度（年平均行驶里程）使用。我国各类汽车年平均行驶里程见表4-1-1。

表4-1-1 我国各类汽车年平均行驶里程

汽车类别	年平均行驶里程/万 km
微型、轻型货车	3~5
中型、重型货车	6~10
私家车	1~3
公务、商务用车	3~6
出租车	10~15
租赁车	5~8
旅游车	6~10

续表

汽车类别	年平均行驶里程/万 km
中、低档长途客运车	8~12
高档长途客运车	15~25

自主学习资源

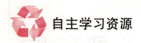

刨根问底——二手车新旧程度评价指标

步骤2：计算车辆已使用年限

已使用年限一般取该车从新车在公安交通管理机关注册登记日起至评估基准日所经历的时间。机动车注册登记日期可以从机动车行驶证或机动车登记证书中查询。

在计算车辆已使用年限时，可以用年或月或日为单位进行计算。实际计算中，评估基准日并不恰好与注册登记日同日，如果以年为单位计算实际已使用年限，则结果误差太大；如果以日为单位计算实际已使用年限，则需要精确计算实际使用天数，结果精确，但工作量较大，比较麻烦；一般以月为单位计算实际已使用年限，即将已使用年限和规定使用年限换算成月数，这样计算简单、结果误差也较小，比较切合实际。

知识应用

> **深度理解——双班制车辆的已使用年限**
>
> 利用使用年限法计算得到的成新率实际上反映的是车辆的时间损耗及时间折旧率，与车辆的日常使用强度和车况无关。如果车辆的日常使用强度较大，则在运用已使用年限指标时，应适当乘以一定的系数。例如，对于某些以双班制运行的车辆，其实际使用时间为正常使用时间的两倍，因此该车辆的已使用年限应是车辆从开始使用到评估基准日所经历时间的两倍。

步骤3：查询车辆规定使用年限

规定使用年限是指《机动车强制报废标准规定》中对被评估车辆规定的使用年限，各类汽车的规定使用年限应按《机动车强制报废标准规定》的规定执行。对于标准中无报废年限规定的车辆，在进行成新率计算时通常取15年，见表4-1-2。

表 4-1-2　车辆规定使用年限和行驶里程

车型	使用年限/年	行驶里程/万 km
非营运性 9 座以下载客汽车	无	60
小、微型旅游载客汽车	10	60
出租客运小、微型车辆	8	60
微型载货汽车	12	50

步骤 4：计算使用年限成新率

将车辆的已使用年限和规定使用年限代入公式（4-1-1）并计算。

 知识应用

> 解决问题——计算该车使用年限成新率
>
> 某辆旅游客车已使用 3 年 2 个月，在正常的使用条件下工作，试用使用年限法来计算车辆成新率。

 任务巩固与拓展

1. 任务巩固：简答题

班级：	姓名：	学号：
1. 请你用自己的语言描述使用年限法的概念。		
2. 根据你的理解，写出使用年限法的计算公式（多种形式）。		
3. 已使用年限如何确定？		
4. 规定使用年限如何确定？		

续表

| 班级： | 姓名： | 学号： |

5. 如果一辆车3年的行驶里程数为18万km，则该如何用使用年限法计算成新率？

2. 拓展任务

请同学们用使用年限法计算车辆成新率。

二手车信息：

1. 车辆基本信息

车型：郑州宇通中型客车，私家车（见图4-1-1）；

购车时间：2017年4月；

行驶里程数：9万km；

初次登记日期：2017年4月；

评估基准日：2021年4月20日。

2. 车辆检查

整体外观较好，全车没有被碰撞痕迹，轮胎磨损正常，底盘无剐蹭；内饰保养较好，电子部件正常；发动机舱正常；怠速时发动机运转平稳，无异响，道路测试时该车加速有力，减震效果一般，制动性能适中

计算过程：

3. 拓展任务评价标准

班级：		姓名：		得分：	
日期		学号：			
序号	评分项	得分条件	分值	得分	
1	概念	概念理解正确，公式正确	10分		
2	已使用年限	通过机动车能够查询已使用年限，数据准确	10分		
3	规定使用年限	能够根据机动车报废标准准确查找规定使用年限，数据准确	10分		
4	素质要求	工作认真、严谨	20分		
		数据客观、准确	10分		

 自我分析与总结

学生改错：	学会的内容

学生总结：

任务二　部件鉴定法计算成新率

 任务导入

今天评估师小蔡的工作是给这台车辆用部件鉴定法计算成新率，车辆信息如下：

车型：宝来 1.6-AT-2V，基本型，国 2（见图 4-2-1）；

图 4-2-1　宝来（1.6-AT-2V，基本型）

使用性质：非营运（个人用车）；

初次登记日期：2014 年 6 月 6 日；

评估基准日：2021 年 5 月 10 日；

累计行驶里程：128 000 km。

 任务说明

本次任务是评估师用部件鉴定法计算车辆成新率。部件鉴定法是技术鉴定法中的一种方法（技术鉴定法包括部件鉴定法和整车观测法），是评估人员利用技术鉴定手段确定汽车成新率的方法。

 学习目标

（1）部件鉴定法的概念和计算流程。

（2）能够根据车辆特点划分各部件权重。

（3）能够根据技术鉴定情况，确定各部件成新率。

（4）能够根据各部件权重和成新率，准确计算车辆成新率。

（5）逐步培养学生细心、严谨的工作精神。

 任务准备

被评估二手车的机动车行驶证、机动车登记证书、《机动车报废标准》及二手车鉴定评估报告等。

任务实施

序号	内容	讲解视频	序号	内容	讲解视频
步骤1	分析车辆特点，判断是否适用部件鉴定法		步骤4	计算各部件成新率（重点）	
步骤2	将被评估车辆分成若干个主要部分		步骤5	计算车辆成新率	
步骤3	确定各部分权重				

实施要点

步骤1：分析车辆特点，判断是否适用部件鉴定法

1. 部件鉴定法概念

部件鉴定法是指评估人员在确定二手车各组成部分技术状况的基础上，按其各组成部分对整车的重要性和价值量的大小加权评分，最后确定成新率的一种方法。

2. 部件鉴定法适用车辆

部件鉴定法适用于价值较高的二手车。计算加权成新率比较费时费力，它既考虑了二手车实体性损耗，同时也考虑了二手车维修或换件等追加投资使车辆价值发生的变化，但评估值更接近客观实际，可信度高。

步骤2：将被评估车辆分成若干个主要部分

根据车辆特点，将车辆分成若干个主要部分，各部分之间相对比较独立。

步骤3：确定各部分权重

根据各部分的制造成本占整车制造成本的比重，按百分比确定各部件权重。

步骤4：计算各部件成新率

基准成新率是指车辆的使用年限成新率或行驶里程成新率或者两种成新率的加权求

和。基准成新率用来作为没有损坏部件的成新率,同时损坏部件的成新率在基准成新率的基础上根据评估师经验,向下调整。

步骤5:计算车辆成新率

将各部分的成新率分别与各部分的权重相乘,即得某部分的加权成新率;将各部分的加权成新率相加,即得到被评估车辆的成新率。

提示引导

重点提示——划分车辆各部件

在划分车辆各部分时,可以按照表4-2-1中的总成和部件进行划分,也可以根据车辆特点重新进行划分。请同学们将纯电动汽车各部件的名称填写在表4-2-1中。

表4-2-1 车辆各部件划分

序号	传统燃料汽车车辆各主要部分总成及部件名称	纯电动汽车各主要部分总成及各部件名称
1	发动机及离合器总成	
2	变速器及万向传动装置总成	
3	前桥、前悬架及转向系统总成	
4	后桥及后悬架总成	
5	制动系统	
6	车架	
7	车身及附属装置	
8	电气及仪表	
9	轮胎	

重点提示——车辆各部件权重

依据各部件的价值比重,确定各部件权重,参考数据见表4-2-2。

表4-2-2 车辆各部件权重

序号	车辆各主要部分总成及部件名称	价值权重/%		
		轿车	客车	货车
1	发动机及离合器总成	25	27	25
2	变速器及万向传动装置总成	12	10	15

续表

序号	车辆各主要部分总成及部件名称	价值权重/%		
		轿车	客车	货车
3	前桥、前悬架及转向系统总成	9	10	15
4	后桥及后悬架总成	9	11	15
5	制动系统	6	6	5
6	车架	0	6	6
7	车身及附属装置	28	20	9
8	电气及仪表	7	6	5
9	轮胎	4	4	5
	合计	100	100	100

对于一些特殊车辆，可以根据车辆特点重新划分各部件权重，例如一辆二手车车身采用了最新纳米材料，车身及附属装置的权重可以增加至35%或其他数值。

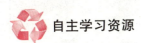 自主学习资源

更多案例——行驶里程法计算二手车成新率

 创新创业

创新思维——基准成新率

在对车辆各部件技术鉴定时，有些部件是正常磨损，有些部件由于过度磨损或撞击有修复痕迹。对于正常磨损部件的成新率可以采用基准成新率；对于过度磨损或有修复痕迹的部件，则需要在基准成新率的基础上向下调整，其幅度依据评估师经验进行调整。

基准成新率可以是使用年限成新率或行驶里程成新率［行驶里程成新率=(1-已行驶里程/规定行驶里程)×100%］，也可以是两种成新率的加权求和，选用哪种方法依据车辆的特点而定。

知识应用

解决问题——给王先生的车计算成新率

王先生欲出售一辆进口高档汽车，根据调查，目前全新的此款车的售价为 35 万元，至评估基准日止，该车已使用了 2 年 6 个月，累计行驶里程为 6.5 万 km，经现场勘查，该车车身有两处擦伤痕迹，后悬架局部存在故障，前排座椅电动装置工作不良，一侧电动车窗不能正常工作，其他车况均与车辆的新旧程度相符，试计算该车成新率。

 任务巩固与拓展

1. 任务巩固：简答题

班级：	姓名：	学号：

1. 请你用自己的语言描述部件鉴定法的概念。

2. 根据你的理解，写出部件鉴定法的工作流程。

3. 基准成新率的作用是什么？

4. 怎样求基准成新率？

2. 拓展任务

用部件鉴定法计算车辆成新率。

二手车信息：

1. 车辆基本信息

车型：宝来 1.6-AT-2V，基本型，国 2（见图 4-2-1）；

使用性质：非营运（个人用车）；

初次登记日期：2014 年 6 月 6 日；

评估基准日：2021 年 5 月 10 日；

累计行驶里程：128 000km。

该车配置：排量约 1.6 L 电喷发动机，DOHC 双顶置凸轮轴，四轮独立悬架，四轮盘式刹车系统配合 ABS，全电动门窗以及电子除霜，前排安全气囊，单碟 DVD 配合四声道六喇叭音响系统，可调节转向盘，助力转向，智能倒车雷达，真皮座椅，防盗点火系统，智能中控门锁。

2. 车辆检查

（1）静态检查：对车辆的外观整体检查中发现保险杠有碰撞修补的痕迹，车辆的左前侧雾灯下方有剐蹭痕迹造成了油漆脱落，车辆左侧的滑动门需要进行润滑，不过整个车身情况保持得比较好。发动机舱线束整齐，观察车辆大梁、左右翼子板没有变形、锈蚀，油路也没有渗油现象，整个前端的车架部分还保持着原厂油漆的痕迹，各部位代码清晰可见，足以证明车辆保养比较专业。车内真皮座椅及内饰干净，丝毫没有旧车的感觉。电动门窗、倒车雷达和音响使用正常。

（2）动态检查：发动机性能比较稳定，轻踩加速踏板，在 4 300 r/min 时达到了动力输出峰值。在车速较高的情况下，风噪、胎噪几乎听不到。急踩制动踏板，反应迅速，制动没有明显跑偏现象。高速行驶略有摆振，当车辆在 52 km/h 左右时，前轮摇摆，当车辆保持在低速 38 km/h 以下或高速超过 66 km/h 行驶时，前轮摇摆现象消失，经检查发现左前轮补过轮胎，更换两个前胎，摆动现象消失，所以摇摆原因是轮胎有过修补引起起动不平衡。乘坐较舒适，对地面的振动感觉一般。

计算过程：

3. 拓展任务评价标准

班级：		姓名：		得分：
日期：		学号：		

序号	评分项	得分条件	分值	得分
1	概念	概念理解正确，计算流程正确	10分	
2	基准成新率	概念理解正确，计算正确	10分	
3	车身部位	车身部位成新率合理（在基准成新率的基础上向下调整）	20分	
4	轮胎部位	轮胎部位成新率合理（在基准成新率的基础上向下调整）	20分	
5	素质要求	分析了车身和轮胎部位的技术状况，考虑问题全面	20分	
		车身和轮胎部位的成新率符合客观实际	20分	

自我分析与总结

学生改错：

学会的内容

学生总结：

任务三　综合分析法计算成新率

任务导入

今天评估师小蔡的工作是给这台车辆用综合分析法计算成新率，车辆基本状况如下：

车辆型号：中华骏捷1.8，舒适型（见图4-3-1）；

初次登记日期：2017年6月；

行驶里程：12万km；

评估基准日：2021年5月。

该车为商务用车，常年工作在郊区和市区，工作条件好，维护、保养较好。

图4-3-1　中华骏捷1.8（舒适型）

任务说明

本次任务是评估师用综合分析法计算车辆成新率。综合分析法在二手车市场使用范围广泛，在技能大赛中也要求用这种方法计算成新率。

学习目标

（1）综合分析法的概念和计算流程。

（2）各参数的含义和选取依据、要点。

（3）能够根据车辆特点选择合适的参数。

（4）能够根据车辆特点重新确定参数数量或者选用新的参数。

（5）逐步培养与时俱进的创新意识和创新精神。

任务准备

被评估二手车的机动车行驶证、机动车登记证书、二手车鉴定评估报告等。

 任务实施

序号	内容	讲解视频	序号	内容	讲解视频
步骤1	分析车辆特点，判断是否适用"综合分析法"		步骤4	选取车辆制造质量调整系数 K_3（重点）	
步骤2	选取车辆技术状况调整系数 K_1（重点）		步骤5	选取车辆用途调整系数 K_4（重点）	
步骤3	选取车辆维护条件调整系数 K_2（重点）		步骤6	选取车辆使用条件调整系数 K_5	
			步骤7	计算综合成新率	

 实施要点

步骤1：分析车辆特点，判断是否适用"综合分析法"

1. 综合分析法概念

以使用年限为基础，以调整系数方式综合考虑影响车辆价值和使用寿命的因素，按下式计算车辆成新率：

综合分析成新率 = (1 - 已使用年限/规定使用年限) × 100% × 综合调整系数 K

(4-3-1)

综合调整系数 $K = K_1 × 30\% + K_2 × 25\% + K_3 × 20\% + K_4 × 15\% + K_5 × 10\%$ (4-3-2)

式中　K——综合调整系数；

　　　K_1——车辆技术状况调整系数；

　　　K_2——车辆维护条件调整系数；

　　　K_3——车辆制造质量调整系数；

　　　K_4——车辆用途调整系数；

K_5——车辆使用条件调整系数。

2. 综合分析法适用车辆类型

综合分析法较为详细地考虑了影响二手车价值的各种因素,并用一个综合调整系数指标来调整二手车成新率,评估值准确度较高,因而适用于具有中等价值的二手车评估。这是目前二手车鉴定评估最常用的方法之一。

 创新创业

创新思维——综合分析法的"参数"

综合分析法中的5个参数分别从不同角度考虑了影响车辆价值的因素,这5个参数的确定是基于目前一段时间我国的经济水平、车辆技术水平和人们的消费理念等多种现时状况。

随着我国经济的快速发展、车辆技术的不断创新与提高以及人们消费理念的提升,在未来的综合分析中,调整系数的种类和数量都有可能会发生变化,例如在不久的将来,我们国家的道路将全部修建成为较高等级的公路,车辆使用条件就不会存在差别,参数K_5就可以取消,随之而来的也许会出现一种或几种新的影响车辆价值的其他因数。

所以同学们,有意识地培养创新思维可以提高问题的解决能力,大家在使用综合分析法时要有与时俱进的意识和具体问题具体分析的思维,这样才能给车辆计算出合理的成新率,进而估算出合理的评估价格。

步骤2:选取车辆技术状况调整系数 K_1

系数的选取方法是:以车辆的技术状况鉴定结论为基础,对车辆进行分级,再在某一个等级内对车辆进行细分。为了更接近实际情况,在表4-3-1中列出的车况调整系数可以根据车辆状况取为0.85、0.78等。

表4-3-1 车辆技术状况调整系数

影响因素	因素分级	调整系数	权重/%
技术状况调整系数 K_1	好	1.0	30
	较好	0.9	
	一般	0.8	
	较差	0.7	
	差	0.6	

创新创业

问题探索与创新——K_1 取值

在表 4-3-1 中，技术状况调整系数取值范围为 0.6~1.0。这里需要注意以下两点：

（1）在二手车评估中，二手车与新车的区别仅在于是否办理了机动车注册登记手续，所以就算是新车，只要是办理了注册手续，该车也属于二手车，在取值时，不能取"1"（"1"意味着该车是没有管理过注册登记手续的新车）。对于一些车况非常好、车龄很短的二手车，技术状况调整系数 K_1 可以取值为 0.999。

（2）技术状况调整系数的下限是"0.6"，什么样的车可以取这个下限值呢？一般我们认为接近报废的车辆可以取下限值"0.6"。技术状况调整系数与车辆成新率要区分开，如果用车辆成新率给接近报废的车辆取值，则可以取接近"0"的数值；如果用技术状况调整系数给接近报废的车辆取值，则最低取"0.6"。针对这个问题，就要求评估师在确定技术状况调整系数时，在新车和报废车之间确定"1"和"0.6"的具体数值，而不是在"1"和"0"之间确定。

步骤 3：选取车辆维护条件调整系数 K_2

车辆维护条件调整系数从两个方面考虑其取值，即车主的驾驶习惯和车辆保养情况，见表 4-3-2。

车辆维护条件调整系数取值范围为 0.7~1.0。一般情况下，驾龄较长的车主比驾龄较短的车主驾驶习惯要好，女性驾驶员比男性驾驶员的驾驶习惯要好；去 4S 店保养的车辆比去非 4S 店保养的车辆分值要高；有保养记录比没有保养记录的车辆分值要高。

表 4-3-2　车辆维护条件调整系数

影响因素	因素分级	调整系数	权重/%
维护保养调整系数 K_2	好	1.0	25
	较好	0.9	
	一般	0.8	
	差	0.7	

步骤 4：选取车辆制造质量调整系数 K_3

K_3 取值与车辆制造质量相关。目前国产汽车包括合资品牌汽车和自主品牌汽车，与进口汽车相比，国产汽车的质量已经有了很大的提升，所以在确定 K_3 的数值时要注意根据品牌实际质量确定，见表 4-3-3。对依法没收的已领取牌证的走私车辆，该系数建议同于国产名牌系数。

表 4-3-3　车辆制造质量调整系数

影响因素	因素分级	调整系数	权重/%
制造质量调整系数 K_3	进口车	1.0	20
	国产名牌车（走私罚没车）	0.9	
	国产非名牌车	0.8	

  知识应用

> 深度理解——车辆制造质量调整系数 K_3
>
> K_3 的取值是综合分析法的难点，评估师需要掌握近五年所有车型的车辆性能特点、口碑、可靠度以及是否是成熟车型等信息，对每个品牌的车辆质量都有自己的认知和判断，这样在对 K_3 取值时，才能对被评估车辆进行全面、客观、准确的分析和衡量。表 4-3-3 中 K_3 取值是一个参考数值，在计算时要根据车辆的实际情况确定。

步骤 5：选取车辆用途调整系数 K_4

根据车辆的用途，确定系数 K_4 的取值，见表 4-3-4。

表 4-3-4　车辆用途调整系数

影响因素	因素分级	调整系数	权重/%
车辆用途调整系数 K_4	私用	1.0	15
	公务、商用	0.9	
	营运	0.7	

  提示引导

> 易出错点——车辆用途调整系数 K_4
>
> 一般车辆用途不同，使用强度也不同。普通轿车一般为私人工作和生活用车，每年最多行驶 3 万 km；公务、商务用车每年不超过 6 万 km；而营运出租车每年行驶有些高达 15 万 km。对于大部分时间只在市内行驶的私家车，该系数取为 0.9 或更低，而不是 1.0，这是因为市内经常性的堵车和交通不畅，相当于增加了车辆的使用强度。

步骤6：选取车辆使用条件调整系数 K_5

车辆使用条件分为道路条件和特殊使用条件。

道路条件可分为好路、中等路和差路三类。好路是指国家道路等级中的高速公路，一、二、三级道路，好路率在50%以上；中等路是指国家道路等级中的四级道路，好路率为30%~50%；差路是指国家等级以外的路，好路率在30%以上。

特殊使用条件主要指特殊自然条件，包括寒冷、风沙及沿海和山区等地区的自然条件。

根据上述工作条件适当取值（见表4-3-5）：车辆长期在道路条件为好路的道路上行驶的，系数取1.0；在中等路的道路上行驶的，系数取0.8；在差路或特殊条件下行驶的，系数取0.6。

表4-3-5 车辆使用条件调整系数

影响因素	因素分级	调整系数	权重/%
使用条件调整系数 K_5	好	1.0	10
	一般	0.8	
	差	0.6	

自主学习资源

刨根问底——公路等级

步骤7：计算综合成新率

先根据车辆使用时间计算年限成新率，再将5个调整系数代入公式中计算综合成新率。

知识应用

> **解决问题——计算该车综合成新率**
>
> 某人欲出售一辆已使用3年6个月的卡罗拉汽车，该车为商务用车，常年工作在郊区或市区，工作条件好，维护、保养较好，车身依然光亮，很新，没有明显划痕；发动机动力性较好；新换的离合器和轮胎；制动时稍向右跑偏。其他情况均与车辆新旧程度基本相符。试用综合分析法估算成新率。

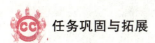 **任务巩固与拓展**

1. 任务巩固：简答题

班级：	姓名：	学号：
1. 请用自己的语言描述综合分析法的概念。		
2. 根据你的理解，写出综合分析法的计算公式。		
3. 请写出使用年限法成新率的计算公式。		
4. 技术状况调整系数 K_1 的确定依据是什么？系数分级标准是什么？		
5. 确定车辆维护条件调整系数 K_2 时，主要考虑哪些影响因素？		
6. 确定车辆制造质量调整系数 K_3 时，主要考虑哪些影响因素？哪些车辆的制造质量调整系数可以取 "1"？哪些车辆的制造质量调整系数可以取 "0.9"？		
7. 为什么不同用途的车辆，它的车辆用途调整系数 K_4 会有不同？		
8. 一级、二级、三级、四级道路是如何界定的？		

2. 拓展任务

请同学们用综合分析法计算车辆成新率。

二手车信息

1. 车辆基本状况

车辆型号：中华骏捷1.8舒适性；

初次登记日期：2017年6月；

行驶里程：12万km；

评估基准日：2021年5月。

该车为商务用车，常年工作在郊区和市区，工作条件好，维护、保养较好。

2. 车况检查

（1）静态检查：该车的外观保养情况较好；车漆属原车漆，光泽度非常好，但前后保险杠明显有重新喷漆的痕迹，经仔细检查未发现出现过严重事故的迹象，伤处仅仅伤及保险杠，并未波及前后缓冲钢架；散热器组件、转向助力泵、制动泵、ABS泵、蓄电池、发电机、起动机等主件外表面均无异样；机油量及其颜色均正常；发动机舱内线束规整，无明显改动痕迹。

（2）动态检查：这部车搭配的5速变速器，在起步、急加速、急减速、倒车时车辆没有明显的顿挫感；离合器操作无异常现象；无明显行驶跑偏和制动跑偏等现象，制动稍微偏软一点；行驶中车内无明显噪声；音响、空调等装置工作正常。

总体来说该车动力、制动、通过、行驶平顺及噪声等方面性能基本良好，动态检测后车辆油、水温正常，运动机件无过热，无漏水、油、电等现象

计算过程：

3. 拓展任务评价标准

班级：		姓名：		得分：	
日期：		学号：			
序号	评分项	得分条件		分值	得分
1	概念	概念理解正确，计算流程正确		10分	
2	使用年限成新率	计算正确		10分	

续表

序号	评分项	得分条件	分值	得分
3	K_1 取值	依据车辆技术状况,取值在合理区间	10 分	
4	K_2 取值	考虑车辆使用者和维修保养情况,取值在合理区间	10 分	
5	K_3 取值	依据车辆质量,取值在合理区间	10 分	
6	K_4 取值	依据车辆用途,取值在合理区间	10 分	
7	K_5 取值	依据车辆使用环境,取值在合理区间	10 分	
8	素质要求	(1)分析了车辆信息后,各调整系数取值合理、客观,结果计算准确	10 分	
		(2)能够与同学讨论完成各参数取值	10 分	
		(3)了解国产品牌车辆	10 分	

自我分析与总结

学生改错：

学会的内容

学生总结：

任务四　重置成本法估算二手车价格

任务发布

品牌	2012 款宝来 1.6L 手动挡
购买时间	2011 年 5 月 4 日
购买价格	10 万元
颜色	铂金灰
评估时间	2020 年 4 月 3 日

企业导师发布评估任务

任务说明

本次任务是评估师用重置成本法估算车辆价格。重置成本法是国际上公认的资产评估三大基本方法之一，具有一定的科学性和可行性，在"1+X 汽车运用与维修职业技能等级"第 7 模块和学生技能大赛中都要求掌握并灵活运用这种估价方法。

学习目标

（1）重置成本法的基本原理和定义。
（2）重置成本法的计算公式。
（3）重置成本法的估算步骤。
（4）重置成本的两种计算方法：重置核算法和物价指数法。
（4）重置成本法的适用范围。

任务准备

被评估二手车的机动车行驶证与机动车登记证书和二手车鉴定评估报告等。

 **任务实施**

序号	内容	讲解视频	序号	内容	讲解视频
步骤1	分析车辆特点，判断是否适用"重置成本法"估算价格		步骤4	计算重置成本	
步骤2	分析车辆特点，选择重置成本法的计算方法		步骤5	计算被评估车辆各种贬值或成新率	
步骤3	分析车辆特点，选择重置成本法的计算方法		步骤6	计算车辆评估值	

 **实施要点**

步骤1：分析车辆特点，判断是否适用重置成本法估算价格

1. 重置成本法概念

重置成本法是指在现时条件下重新购置一辆全新状态的被评估车辆所需的全部成本（即完全重置成本，简称重置全价），减去该被评估车辆各种贬值后的差额作为被评估车辆现时价格的一种评估方法。

> 重置成本法是国际上公认的资产评估三大基本方法之一，具有一定的科学性和可行性，特别是对于不存在无形陈旧贬值或贬值不大的资产，只需要确定重置成本和实体损耗贬值，而确定两个评估参数的资料，依据又比较具体和容易搜集到，因此该方法在资产评估中具有重要意义。它特别适宜在评估单项资产和没有收益、市场上又难以找到交易参照物的评估对象。

2. 重置成本法的适用车辆

应用重置成本法对二手车进行价值评估必须同时满足以下前提条件：

（1）购买者对拟进行交易的评估车辆，不改变原来用途。

（2）评估车辆的实体特征、内部结构及其功能效用必须与假设重置的全新车辆具有可比性。

（3）评估车辆必须是可以再生、可以复制的，不能再生、复制的评估车辆不能采用重置成本法。

（4）评估车辆随着时间的推移，因各种因素而产生的贬值可以量化，否则就不能运用重置成本法进行估算。

重置成本法作为一种二手车评估的方法，是从能够重新取得被评估车辆的角度来反映二手车的交换价值的。只有当被评估车辆处于继续使用状态下，再取得被评估车辆的全部费用才能构成其交换价值的内容。

步骤2：分析车辆特点，选择重置成本法的计算方法

重置成本法的常用计算方法有两种。

方法1：

$$车辆评估值 = 重置成本 - 实体性贬值 - 功能性贬值 - 经济性贬值 \tag{4-4-1}$$

方法2：

$$车辆评估值 = 重置成本 \times 成新率 \tag{4-4-2}$$

提示引导

重点提示——重置成本法的两种计算方法

方法1：车辆评估值=重置成本−实体性贬值−功能性贬值−经济性贬值

该方法是重置成本法评估二手车的最基本模型，它综合考虑了二手车的现行市场价格和各种影响二手车价值量变化（贬值）的因素，最让人信服和易于接受。但造成这些贬值的影响因素较多且具有一定的不确定性，很多情况下二手车的营运性损耗及经济性贬值对二手车评估值的确定有相当的难度，在实际评估操作时，要酌情考虑营运性功能损耗和经济性损耗对二手车价值的影响，可以写成如方法2的公式。

方法2：车辆评估值=重置成本×成新率

该方法是以成新率综合考虑了各种贬值对二手车价值的影响，是一种定性与定量相结合的评估方法，比较符合中国人评判二手物品的思维模式，且具有收集便捷、操作简单易行、评估理论更贴近机动车实际工作状况、易于被人接受等优点，因而是目前市场上应用最广泛的一种评估方法。

步骤3：分析车辆特点，选择重置成本的计算方法

重置成本是购买一项全新的与被评估车辆相同的车辆所支付的最低金额。对于二手车评估来说，一般采用重置核算法和物价指数法。

1. 重置核算法

重置核算法也称为细节分析法或直接法，它是按待评估车辆的成本构成，以现行市价为标准，计算被评估车辆重置全价的一种方法，也就是将车辆按成本构成分成若干组成部分，先确定各组成部分的现时价格，然后相加得出待评估车辆的重置全价。其计算公式为

$$重置成本=直接成本+间接成本$$

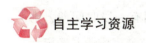
自主学习资源

刨根问底——直接成本和间接成本

根据不同评估目的，二手车重置成本全价的构成一般分为下述两种情况考虑。

（1）属于所有权转让的经济行为或为司法、执法部门提供证据的鉴定行为，可按被评估车辆的现行市场成交价格作为被评估车辆的重置全价，其他费用略去不计，即

$$重置成本=新车现行市场购置价 \quad (4-4-3)$$

（2）属于企业产权变动的经济行为（如企业合资、合作和联营，企业分设、合并和兼并，企业清算，企业租赁等），其重置成本构成除了要考虑被评估车辆的现行市场购置价格以外，还应考虑国家或地方政府对车辆加收的其他税费一并计入重置成本全价，主要是为了防止国有资产流失，即

$$重置成本=被评估车辆的现行市场购置价+车辆购置税 \quad (4-4-4)$$

2. 物价指数法

物价指数法也叫价格指数法，是根据已掌握的历年的价格指数，在二手车原始成本的

基础上,通过现时物价指数确定其重置成本,其计算公式为

$$车辆重置成本 = 车辆原始成本 \times \frac{车辆评估时物价指数}{车辆购买时物价指数}$$

或

$$车辆重置成本 = 车辆原始成本 \times (1+物价变动指数) \quad (4-4-5)$$

当被评估车辆已停产,或是进口车辆,无法找到现时市场价格时,这是一种很有用的方法。

 提示引导

重点提示——物价指数法的使用

使用物价指数法时应注意以下问题:

(1) 一定要先检查被评估车辆的账面原价。如果购买原价不准确,则不能使用物价指数法。

(2) 使用物价指数法计算出的值,即为车辆重置成本值。

(3) 物价指数要尽可能选用有法律依据的国家统计部门或物价管理部门以及政府机关发布和提高的数据,不能选用无依据、不明来源的数据。

(4) 如果现在选用的指数与评估对象规定的评估基准日之间有一段时间差,则这一时间差内的价格指数可由评估人员依据近期的指数变化趋势结合市场情况确定。

步骤4:计算重置成本

如选用重置核算法作为重置成本的计算方法,则需调查、了解、搜集被评估车辆实体特征等基本资料,以及被评估车辆在评估基准日的新车售价,根据式(4-4-3)或式(4-4-4)计算重置成本。

如选用物价指数法作为重置成本的计算方法,则需了解被评估车辆的原始成本,根据式(4-4-5)计算重置成本。

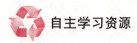 自主学习资源

刨根问底——新车售价

知识应用

解决问题——选用合适的新车售价

一辆 2014 款 NEW POLO 1.4L 自动挡车辆,该车技术等级良好,无事故痕迹,无须进行修理;维护保养好,路试车况好。经评估师鉴定,该车成新率为 75%,评估师需要用重置成本法评估该车价值,同学们先确定该二手车重置成本中的新车售价,说明理由,并计算该车评估值。

步骤 5:计算被评估车辆各种贬值或成新率

根据车辆有形损耗和无形损耗情况,确定实体性贬值、功能性贬值、经济性贬值,或根据技术鉴定的结果,确定车辆成新率。

步骤 6:计算车辆评估值

根据式(4-4-1)或式(4-4-2),计算车辆评估值。

 提示引导

重点提示——"1+X"考核要求

知识要求	讲解视频	技能要求	讲解视频
重置成本法	(QR code)	能用重置成本法评估机动车价值	(QR code)

任务巩固与拓展

1. 任务巩固：简答题

请同学们根据"任务发布"的车辆完成下列简答题。

班级：	姓名：	学号：

1. 什么是重置成本法？写出计算公式，并说明该车辆使用哪个计算公式。

2. 重置成本的估算方法是什么？适用什么车辆？该案例使用哪种方法？

3. "直接成本"和"间接成本"如何计算？

4. 请写出求解该二手车评估值的最终计算公式。

2. 任务拓展

请同学们用重置成本法计算"任务发布"中车辆的估价。

1. 车辆基本状况			
车辆品牌	2012 款宝来 1.6 L 手动挡	购买时间	2011 年 5 月 4 日
购买价格	10 万元	颜色	铂金灰
评估时间	2020 年 3 月 3 日	行驶里程	15 万 km
2. 车况检查			
（1）静态检查：该车的外观保养情况较好；车漆属原车漆，光泽度非常好，左侧前翼子板有漆面较薄，经检查发现更换过，经仔细检查未发现出现过严重事故的迹象，伤处仅仅伤及翼子板；散热器组件、转向助力泵、制动泵、ABS 泵、蓄电池、发电机、起动机等主件外表面均无异样；机油量及其颜色均正常；发动机舱内线束规整，无明显改动痕迹。 （2）动态检查：这部车搭配的 5 速变速器，在起步、急加速、急减速、倒车时没有明显的顿挫感；离合器操作无异常现象；无明显行驶跑偏和制动跑偏等现象，制动稍微偏软一点；行驶中车内无明显噪声；音响、空调等装置工作正常。 总体来说该车动力、制动、通过、行驶平顺、噪声等方面性能基本良好，动态检测后车辆油、水温正常，运动机件无过热，无漏水、油、电等现象			
3. 估价过程			
(1) 该车辆是否适用重置成本法估价？说明理由。			
(2) 该车辆适合用哪种重置成本法？说明理由。			

续表

3. 估价过程

（3）该车重置成本计算适用哪种方法？说明理由，并计算重置成本。

（4）根据车况，选用合适的成新率计算方法进行计算，并写明计算过程。

（5）将重置成本和成新率代入公式，计算被评估车辆的估价。

3. 任务拓展评价标准

班级：		姓名：	得分：	
日期：		学号：		

序号	评分项	得分条件	分值	得分
1	概念	概念理解正确，理由合理	10分	
2	重置成本法计算方法	计算方法选用正确，理由合理	10分	
3	重置成本	重置成本选用正确	5分	
		重置成本获取渠道正确	10分	
		新车价格正确	10分	
		直接成本和间接成本正确	10分	
		重置成本价格正确	5分	

续表

序号	评分项	得分条件	分值	得分
4	成新率	成新率计算方法选用恰当	5分	
		成新率计算正确	5分	
5	素质要求	正确理解理论知识，并能用理论知识指导实践工作	10分	
		小组分工合作，全员参与	10分	
		任务单书写工整、规范	10分	

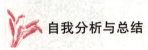

自我分析与总结

学生改错：

学会的内容

学生总结：

任务五　现行市价法估算二手车价格

任务发布

品牌	2013 款 1.5T 手动两驱型哈弗 H6
购买时间	2014 年 4 月
购买价格	10 万元
颜色	雅致银
评估时间	2020 年 4 月 3 日

任务说明

本次任务是评估师用现行市价法估算车辆价格。现行市价法是资产评估中最重要、最常用的方法之一，也是一种技术上成熟、最贴切实际的估价方法，具有一定的科学性和可行性，在实际工作中应用最为广泛，在"1+X 汽车运用与维修职业技能等级"第 7 模块和学生技能大赛中都要求掌握并灵活运用这种估价方法。

学习目标

（1）现行市价法的基本原理和定义。
（2）现行市价法的估算步骤。
（3）现行市价法的两种方法：直接法和类比法。
（4）现行市价法的适用范围。

任务准备

被评估二手车的机动车行驶证、机动车登记证书和二手车鉴定评估报告等。

项目四 计算二手车价格

任务实施

序号	内容	讲解视频	序号	内容	讲解视频
步骤1	分析车辆特点，判断是否适用"现行市价法"估算价格		步骤3	选择参照车辆	
步骤2	考察鉴定被评估车辆		步骤4	对差异进行比较、量化和调整	
			步骤5	汇总各因素差异量，求车辆评估值	

实施要点

步骤1：分析车辆特点，判断是否适用现行市价法估算价格

1. 现行市价法概念

现行市价法又称市场法、市场价格比较法，是指通过比较被评估车辆与最近售出的类似车辆的异同，并将类似车辆的市场价格进行调整，从而确定被评估车辆价值的一种评估方法。现行市价法是最直接、最简单、最有效的一种评估方法，也是二手车评估中运用最为广泛的一种方法。

自主学习资源

刨根问底——现行市价法理论依据

2. 现行市价法的适用原则

运用现行市价法对二手车进行价格评估必须满足以下前提条件。
（1）需要一个充分发育、活跃的二手车交易市场，有充分的参照车辆可取，即要有二

235

手车交易的公开市场，在这个市场上有众多的卖者和买者，能公平交易等，这样可以排除交易的偶然性和特殊性。市场成交的二手车价格可以准确地反映市场行情，评估结果更公平公正，双方都能接受。

（2）参照车辆及其与被评估车辆可比较的指标、技术参数等资料是可收集到的，并且价格影响因素明确，可以量化。

步骤2：考察鉴定被评估车辆

收集被评估车辆的资料（包括车辆的类别、名称和型号等），了解车辆的用途、目前的使用情况，并对车辆的性能、新旧程度等做必要的技术鉴定，以获得被评估车辆的主要参数，为市场数据资料的搜集及参照物的选择提供依据。

步骤3：选择参照车辆

选定二手车交易市场上可进行类比的对象，可比性因素包括：

（1）车辆型号及汽车类型和主要参数。

（2）车辆制造厂家。

（3）车辆来源，是私用、公务、商务用车，还是营运出租车辆。

（4）车辆使用年限和行驶里程数。

（5）车辆实际技术状况。

（6）市场状况，是指市场处于衰退萧条还是复苏繁荣，供求关系是买方市场还是卖方市场。

（7）评估目的，车辆出售是以清偿为目的还是以淘汰转让为目的，买方是获利转手倒卖还是构建自用。不同情况交易作价往往有较大的差别。

（8）车辆所处的地理位置。不同地区的交易市场，同样车辆的价格有较大的差别。

（9）成交数量。单台交易与成批交易的价格会有一定差别。

（10）成交时间。应尽量采用近期成交的车辆作类比对象。由于市场随时间的变化，往往受通货膨胀及市场供求关系变化的影响，故价格有时波动很大。

知识应用训练

深度理解——参照车辆的选择

运用现行市价法，首先要能够找到与被评估车辆相同或相类似的参照车辆，并且参照车辆是近期的、可比较的。

所谓近期，即指参照车辆交易时间与车辆评估基准日相差时间相近，一般在一个季度之内。

所谓可比，是指车辆在规格、型号、功能、性能、内部结构、新旧程度及交易条件等方面不相上下。

其次还要选择参照车辆的数量，因为运用市价法进行二手车价格评估，二手车的价位高低在很大程度上取决于参照车辆的成交价格水平。而参照车辆成交价不仅仅是参照车辆自身市场价值体现，还要受买卖双方交易地位、交易动机、交易时限等因素影响。按照现行市价法的通常做法，参照物一般要2个以上。

所以在评估中除了要求参照车辆与评估对象在功能、交易条件和成交时间上有可比性外，还要考虑参照车辆的数量。

步骤4：对被评估车辆和参照车辆之间的差异进行比较、量化和调整

现行市价法通常分为直接法和类比法。

1. 直接法

直接法是指在市场上能收集到与被评估车辆完全相同的车辆的成交价格，并以该成交价直接作为被评估车辆价格的计算方法。

需要注意的是：由于现在国内二手车仅在发展阶段，很难找到完全相似的成交案例，所以可将条件适当放宽。一般情况下，类别、主要参数、使用条件、技术状况和结构性能基本相同，生产时间和交易时间不同，并做局部改动的车辆，均可认为它们是完全相同的。

案例分析

企业案例——应用直接法评估车辆价格

2. 类比法

类比法是指评估车辆时，在公开市场上找不到与之完全相同的车辆，但在公开市场上能找到与之相类似的车辆，以此为参照物，通过对比分析车辆技术状况和交易条件的差异，在参照物成交价格的基础上做出相应调整，进而确定被评估车辆价格的一种方法。

采用类比法时，所选参照物与评估基准日在时间上越近越好，实在无近期的参照物，也可以选择相对远期的参照物，再作日期修正。其计算公式为

$$被评估车辆价格 = 参照物现行市价 \pm \sum 差异量 \qquad (4\text{-}5\text{-}1)$$

$$被评估车辆价格 = 参照物现行市价 \times 差异调整系数 \qquad (4\text{-}5\text{-}2)$$

知识应用

解决问题——参数差异的量化方法

参数的主要差异及量化方法主要体现在以下方面：

1. 结构性能的差异及量化

汽车型号、结构上的差异都会集中反映到汽车功能和性能的差别上，功能和性能的差异可通过功能、性能对汽车价格的影响进行估算（量化调整值=结构性能差异值×成新率）。

2. 销售时间的差异及量化

在选择参照车辆时，应尽可能选择评估基准日的成交案例，以免去销售时间差异的量化；若参照车辆的交易时间在评估基准日之前，则可采用价值指数法将销售时间的差异进行量化。

3. 新旧程度的差异及量化

被评估二手车与参照车辆在新旧程度上存在一定的差异，要求被评估人员能够对二者做出基本判断，取得被评估二手车和参照车辆的成新率后，以参照车辆的价格乘以被评估车辆与参照车辆成新率之差，即可得到两者新旧程度的差异量〔新旧程度差异量=参照车辆价格×(被评估车辆成新率−参照车辆成新率)〕。

4. 销售数量的差异及量化

销售数量的大小、采用何种付款方式均会对二手车成交单价产生影响，对这两个因素在被评估二手车与参照车辆之间的差别应首先了解清楚，然后根据具体情况做出必要的调整。一般来讲，卖主充分考虑货币的时间价值，会以较低的单价吸引购买者（常为经纪人）多买，尽管价格比零售价格低，但可以提前收到尾款。当被评估二手车是成批量交易时，以单辆汽车作为参照车辆是不合适的；而当被评估的二手车只有一辆时，以成批汽车作为参照车辆也不合适。销售数量的不同会造成成交价格的差异，故必须对此差异进行量化，适当调整被评估二手车的价值。

5. 付款方式的差异及量化

在二手车交易中，绝大多数为现款交易，在一些经济较活跃的地区已出现二手车的银行按揭贷款。银行按揭的二手车与一次性付款的二手车的价格差异由两部分组成：一部分是银行的贷款利息，贷款利息按贷款年限确定；另一部分是汽车按揭保险费，各保险公司的汽车按揭保险费率不完全相同，会有一些差异。

 **案例分析**

企业案例——应用类比法评估车辆价格

步骤5：汇总各因素的差异量，求出车辆的评估值

对上述各差异量化值进行汇总，即可求出被评估车辆的评估值。

 **案例分析**

企业案例—用类比法评估车辆价格

 **立德树人**

工匠精神——选择参照车辆

在现行市价法中有一个难点问题，就是对各种经济技术参数的差异进行量化。在众多的参数中，有些参数的差异量化很困难，比如：结构配置参数。例如对一辆1.6 L排量的马自达3系轿车进行估价，由于我国二手车市场发育的不完善，很难找到同样配置的1.6 L排量的马自达3系轿车作为参照车辆，故只能用2.0 L排量或其他不同配置的马自达3系轿车，在对经济技术参数的差异进行量化时就存在一定的难度。

作为一名评估师，在工作中除了要完成日常的工作内容以外，还需要注意对交易后二手车信息的收集，把握国内与地区整个二手车和新车市场行情，这样在使用现行市价法评估价格时选择恰当的参照车辆，才能使评估过程简单而准确。

目前国内二手车市场存在很多问题，导致交易量低于新车，但是在所有评估师的共同努力之下，随着我国相关政策和制度的不断完善，在未来，中国的二手车市场一定会和欧美发达国家的二手车市场一样蓬勃发展，甚至超越。

 **自主学习资源**

刨根问底——现行市价法的优缺点

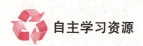 **自主学习资源**

企业方案——54321 法

若车况与车龄及行驶里程相匹配，则很多经销商在收购二手车时会使用 54321 法，快速地计算二手车价格。

一部车的使用寿命为 30 万 km，将其分成 5 段，每段 6 万 km，每段价值依序为新车价值的 5/15、4/15、3/15、2/15、1/15。

例如：一辆新车价值为 15 万元，已行驶 12 万 km，那么该车的价值为

$$15 \times (3+2+1) \div 15 = 6 \text{（万元）}$$

 **自主学习资源**

二手车估价方法——收益现值法

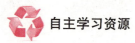 **自主学习资源**

二手车估价方法——清算价格法

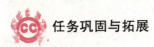

1. 任务巩固：简答题

班级：	姓名：	学号：

1. 什么是现行市价法？

2. 用现行市价法估价的前提条件是什么？

3. 采用现行市价法的评估步骤是什么？

4. 现行市价法的估价方法有哪两种？适用于什么车辆？

2. 任务拓展

请同学们用现行市价法计算"任务发布"中车辆的估价。

车辆基本状况			
车辆品牌	2013 款 1.5T 手动两驱型哈弗 H6	购买时间	2014 年 4 月
购买价格	10 万元	颜色	雅致银
评估时间	2020 年 4 月 3 日	成新率	56%
估价过程			

步骤 1：收集被评估车辆相关参数。

需要收集哪些参数？

步骤 2：根据被评估车辆的参数选取参照车辆。

从哪里选择参照车辆？参照车辆的选择依据是什么？参照车辆的哪些参数必须与被评估车辆一致？哪些参数需要在各参照车辆和被评估车辆之间进行差异比较并量化？

步骤 3：将各参数的差异进行量化。

哪些参数有差异需要量化？

序号	技术经济参数	参照车辆A	参照车辆B	被评估车辆
1	车辆型号	1.5T手动挡	2.0T手动挡	1.5T手动挡
2	销售市场	公开市场	公开市场	公开市场
3	交易时间	2019.12	2019.6	2020.4
4	使用年限	15	15	15
5	初次登记年限	2014.5	2014.6	2014.4
6	已使用年限	5年7个月	5年	6年
7	成新率	40%	45%	40%
8	交易数量	1	1	1
9	付款方式	现款	现款	现款
10	地点	日照	日照	日照
11	物价指数	1	1.03	1.03
12	交易价格	4.4万元	4.5万元	?

续表

估价过程
步骤4：将成新率参数的差异进行量化。
步骤5：将结构配置参数的差异进行量化。
步骤6：将交易时间参数的差异进行量化。
步骤7：汇总各差异，计算车辆评估值。

3. 任务拓展评价标准

班级：		姓名：	得分：	
日期：		学号：		
序号	评分项	得分条件	分值	得分
1	概念	概念理解正确，理由合理	5分	
2	被评估车辆经济技术参数	参数恰当，数据合理	10分	
3	差异量化	成新率差异量化方法准确，结果正确	10分	
		结构配置差异量化方法准确，结果正确	10分	
		交易时间差异量化方法准确，结果正确	10分	
		直接成本和间接成本正确	10分	
		重置成本价格正确	5分	
4	评估值	权重分配恰当	5分	
		估价合理	5分	
5	素质要求	正确理解理论知识，并能用理论知识指导实践工作	10分	
		小组分工合作，全员参与	10分	
		任务单书写工整、规范	10分	

 自我分析与总结

学生改错：	学会的内容

学生总结：

 项目学习成果实施与测评

1. 项目学习成果名称：给二手车估价

班级：		小组成员：		
核心内容 　　请同学们选择一款车辆（教师用车）作为评估对象，对其进行技术鉴定后，使用至少两种方法计算车辆成新率，并估算价格				
基本要求 　　1. 计算车辆成新率； 　　2. 估算车辆价格； 　　3. 填写工单				
任务准备 　　1. 整车一台； 　　2. 了解车辆的类别、名称、型号、性能、出厂日期及目前使用情况				

工　单

车辆类别		二手车名称		
型号		生产厂家		
生产日期		初次登记日期		
行驶里程		车辆手续是否齐全：		□是 □否
交强险和年检有效期：交强险　　　　　　　　　年检				
车辆技术状况（静态检查）				

续表

年限法计算成新率过程
部件鉴定法计算成新率过程
综合分析法计算成新率过程

续表

重置成本法估算车辆价格
现行市价法估算车辆价格
反思

1. 哪种方法的计算过程最快？

2. 哪种方法的计算结果更接近车辆实际车况？

3. 哪种方法计算又快又准确？

2. 项目学习成果测评标准

班级：			小组：		
日期：			总分：		
序号	评分项	得分条件		分值	得分
1	车辆信息	车辆信息填写正确		2分	
		检查车辆证件，并与车辆进行核对		3分	
2	使用年限法	已使用年限计算正确		2分	
		规定使用年限的选用及计算过程正确		3分	
3	部件鉴定法	车辆部件划分正确		2分	
		车辆权重合理		3分	
		各部件成新率合理		5分	
		计算结果偏差上下不超过10%		5分	
4	综合分析法	基础成新率计算正确		2分	
		技术状况调整系数合理		5分	
		维护保养调整系数合理		3分	
		制造质量调整系数合理		2分	
		车辆用途调整系数合理		3分	
		使用条件调整系数合理		2分	
		计算结果偏差上下不超过10%		3分	
5	重置成本选择方式恰当，数据合理			10分	
6	现行市价法	评估车辆参数合理		3分	
		参照车辆合适		2分	
		参数量化过程准确，量化值准确		10分	
		估价合理		5分	
7	素质	小组成员分工协作		5分	
		小组成员全员积极参与		5分	
		协作氛围良好		5分	
		知识和技能掌握较好，能运用所学解决实际问题		10分	

项目五　撰写二手车评估报告

项目导读

本项目是在完成二手车鉴定与评估之后，用书面的形式向委托方报告鉴定评估过程和结果。二手车鉴定评估报告是评估师对二手车进行鉴定评估情况和结论的说明，它记录了二手车的评估价值以及详细信息，犹如我们个人档案一样，对车来说很重要。

学习目标

（1）根据二手车评估过程客观、真实地撰写评估报告。
（2）能够根据车主的不同评估目的完成评估报告。
（3）报告格式及语言规范，用词准确。

项目实施

在撰写评估报告时要注意：按照规范中的格式要求撰写；报告内容依据被评估车辆实际情况客观、真实描述；用词准确、完整、客观，并能够使之具有相应的法律依据，同时也作为确定二手车价值的依据。

任务一 撰写评估报告

 任务导入

诚信二手车评估机构为陈先生的爱车起亚 K2 完成了鉴定评估工作,评估师小蔡跟着经理学习了整个过程。经理要求他为客户撰写二手车鉴定评估报告。

 任务说明

本次任务是在完成鉴定评估工作后,向委托方和有关方面提交说明二手车鉴定评估过程和结果的书面报告,它是按照一定格式和内容来反映评估目的、程序、依据、方法和结果等基本情况的报告书。

 学习目标

(1) 报告的格式、要求、作用和编写流程。

(2) 能够根据车况鉴定和评估过程,撰写评估报告。

(3) 准确、客观、真实地撰写二手车鉴定评估报告。

 任务准备

二手车鉴定评估委托书、二手车鉴定评估作业表、车辆行驶证复印件、车辆购置税复印件、车辆登记证书复印件和二手车照片等。

任务实施

序号	内容	讲解视频	序号	内容	讲解视频
步骤1	准备材料		步骤7	说明鉴定评估对象	
			步骤8	撰写鉴定评估基准日	
			步骤9	评估原则和依据	
步骤2	撰写封面		步骤10	评估方法	
			步骤11	评估过程	
步骤3	撰写报告首部		步骤12	评估结论	
步骤4	撰写序言		步骤13	特别事项说明	
步骤5	委托方与车辆所有方简介		步骤14	说明评估报告法律效力	
步骤6	确定鉴定评估目的		步骤15~19	归档	

 实施要点

步骤1：准备材料

准备的材料包括：二手车鉴定评估委托书、二手车鉴定评估作业表、车辆行驶证复印件、车辆购置税复印件、车辆登记证书复印件、二手车鉴定评估师资格证书影印件、鉴定评估机构营业执照影印件、鉴定评估机构资质影印件和二手车照片等。以上材料也是报告的附件。

国有资产管理局以国资办发〔1993〕55号文发布了《关于资产评估报告书的规范意见》，对资产评估报告书的撰写提出了比较系统的规范要求，第7条要求"鉴定评估报告还应有齐全的附件"。

 知识应用

深度理解——评估报告的作用

步骤2：撰写封面

二手车鉴定评估报告书的封面须包含的内容：二手车鉴定评估报告书名称、鉴定评估机构出具鉴定评估报告的编号、二手车鉴定评估机构全称和鉴定评估报告提交日期等。有服务商标的，评估机构可以在报告封面载明其图形标志。

步骤3：撰写报告首部

鉴定评估报告书正文的首部应包括以下内容：

（1）标题。标题应简练清晰，含有"××××（评估项目名称）鉴定评估报告书"字样，位置居中偏上。

（2）报告书序号。报告书序号应符合公文的要求，包括评估机构特征字、公文种类特征字（例如：评报、评资和评函，评估报告书正式报告应有"评报"，评估报告书预报告应用"评预报"）、年份、文件序号，例如：×××评报字（2013）第106号。

步骤4：撰写序言

写明该评估报告委托方全称、受委托评估事项及评估工作整体情况，一般应采用包含下列内容的表达格式。

××（鉴定评估机构）接受××××的委托，根据国家有关资产评估的规定，本着客观、独立、公正、科学的原则，按照公认的资产评估方法，对××××（车辆号牌）进行了鉴定评估。本机构鉴定评估人员按照必要的程序，对委托鉴定评估车辆进行了实地查勘与市场调研，对其在××××年××月××日所表现的市场价值做出了公允反映，现将车辆评估情况及鉴定评估结果报告如下……。

步骤5：委托方与车辆所有方简介

（1）写明委托方及委托方联系人的名称、联系电话及住址。
（2）写明车主的名称。

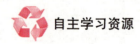
自主学习资源

编制报告书的注意事项

步骤6：确定鉴定评估目的

应写明本次鉴定评估是为了满足委托方的何种需要，及其所对应的经济行为类型。

例如：根据委托方的要求，本项目评估目的：

□交易 □转籍 □拍卖 □置换 □抵押 □担保 □咨询 □司法裁决。

二手车鉴定评估报告书不仅是一份评估工作的总结，而且是其价格的公正性文件和二手车交易双方认定的二手车价格的依据。

步骤7：说明鉴定评估对象

简要写明纳入评估范围车辆的厂牌型号、号牌号码、发动机号、车辆识别代码/车架号、注册登记日期、年审检验合格有效日期、车辆购置税证号码、车船使用税缴纳有效期。

在《关于资产评估报告书的规范意见》中第4条要求：报告书中应写明估价的目的、范围及二手车的状态和产权归属。

步骤8：撰写鉴定评估基准日

写明车辆鉴定评估基准日的具体日期，式样为：鉴定评估基准日是××××年××月××日。

《关于资产评估报告书的规范意见》第3条对评估基准日的要求是：鉴定评估报告要写明评估基准日，并且不得随意更改。所有在估价中采用的税率、费率、利率和其他价格标准，均应采用基准日的标准。

提示引导

> **易出错点——评估基准日**
>
> 在撰写评估报告时，有一个时间点非常重要，那就是"评估基准日"。大家是否觉得这个名词似曾相识呢？没错，在与客户签订委托书时，评估师一定要与客户确定一个时间点作为评估基准日，二手车价格就是在评估基准日这一天的评估价格。
>
> 二手车的价格与新车的价格息息相关，新车涨价，对应的二手车也会涨价，而新车的价格每天都会有所变动，所以为了避免与客户产生价格纠纷，我们一定要在签订委托书时就与车主确定评估基准日，在评估报告当中也要写明这一时间节点。

步骤9：评估原则和依据

评估原则：遵循"客观性、独立性、公正性、科学性"原则。

评估依据：包括行为依据、法律法规依据、产权依据和评定及取价依据等。

（1）行为依据，是指二手车鉴定评估委托书、法院的委托书等经济行为文件，如"二手车鉴定评估委托书第 10 号"。

（2）法律法规依据，包括车辆鉴定评估的有关条款、文件及涉及车辆评估的有关法律法规等。

（3）产权依据，指被评估车辆的机动车登记证书或其他能够证明车辆产权的文件等。

（4）评定及取价依据，应为鉴定评估机构收集的国家有关部门发布的统计资料和技术标准资料，以及评估机构收集的有关询价资料和参数资料等，包括：技术标准资料，例如最新资产评估常用数据与参数手册；技术参数资料，例如被评估二手车的技术参数表；技术鉴定资料，例如车辆检测报告单；其他资料，例如现场工作底稿、市场询价资料等。

《关于资产评估报告书的规范意见》第 1 条的要求是：鉴定评估报告必须依照客观、公正、实事求是的原则由二手车鉴定评估机构独立撰写，如实反映鉴定估价的工作情况。

 立德树人

> **职业规范——二手车鉴定评估人员职业道德规范**
>
> 遵纪守法、廉洁自律
>
> 客观独立、公正科学
>
> 诚实守信、规范服务
>
> 客户至上、保守秘密
>
> 团队合作、锐意进取
>
> 操作规范、保证安全

步骤 10：评估方法

简要说明评估人员在评估过程中所选择并使用的评估方法；简要说明选择评估方法的依据或原因；如评估时采用一种以上的评估方法，应适当说明原因并说明该资产评估价值的确定方法；对于所选择的特殊评估方法，应适当介绍其原理与使用范围；简要说明各种评估方法计算的主要步骤等。

《关于资产评估报告书的规范意见》第 5 条的要求是：鉴定评估报告应说明估价工作遵循的原则和依据的法律法规，简述鉴定评估过程，写明评估的方法。

步骤 11：评估过程

评估过程应反映二手车鉴定评估机构自接受评估委托起至提交评估报告的工作过程，

包括接受委托、验证、现场查勘、市场调查与询证、评定估算和提交报告等过程。

《关于资产评估报告书的规范意见》第 6 条的要求是：鉴定评估报告应有明确的鉴定估算价值的结果，鉴定结果应有二手车的成新率，应有二手车原值、重置价值和评估价值等。

步骤 12：评估结论

给出被评估车辆的评估价格和金额（小写、大写）。

步骤 13：特别事项说明

评估报告中陈述的特别事项是指在已确定评估结果的前提下，评估人员揭示在评估过程中已发现可能影响评估结论，但非评估人员执业水平和能力所能评定估算的有关事项；提示评估报告使用者应注意特别事项对评估结论的影响；揭示鉴定评估人员认为需要说明的其他问题。

步骤 14：说明评估报告法律效力

说明评估报告的有效日期，特别提示评估基准日的期后事项对评估结论的影响以及评估报告的使用范围等。常见写法如下：

（1）本评估结论有效期为 90 天，自评估基准日至××××年××月××日止。

（2）当评估目的在有效期内实现时，本评估结果可以作为作价参考依据；超过 90 天，则需重新评估。另外在评估有效期内若因被评估车辆的市场价格或交通事故等原因导致车辆的价值发生变化，对车辆评估结果产生明显影响时，委托方也需要委托评估机构重新评估。

（3）鉴定评估报告书的使用权归委托方所有，其评估结论仅供委托方为本项目评估目的使用和送交二手车鉴定评估主管机关审查使用，不适用于其他目的；因使用本报告书不当而产生的任何后果与签署本报告书的鉴定评估师无关；未经委托方许可，本鉴定评估机构承诺不得将本报告书的内容向他人提供或公开。

 创新创业

> **企业难题——二手车评估师**
>
> 二手车评估师资格证书是国务院公布的国家六类资产评估师资格证书之一，是二手车鉴定评估、交易业务必备的资格资质证书，职业等级分为中级二手车评估师和高级二手车评估师两个等级，全国通用。

> 目前我国专业的二手车评估师数量少、水军多、高端人才稀缺，很多二手车相关企业并没有配备持证的二手车评估师，评估人员大多数来自汽修厂或4S店的汽车维修人员，这类人员对于汽车市场的行情、车况鉴定和价格把握很好，但是由于缺乏系统性的学习和培训，故难以取得消费者的信赖，这也是二手车企业面临的最大难题。

步骤15：鉴定评估报告提出日期

写明评估报告提交委托方的具体日期。评估报告原则上应在确定的评估基准日后1周内提出。

步骤16：附件

将附件附在报告后面。

步骤17：尾部

二手车鉴定评估报告经审核无误后，按以下程序进行签名盖章：先由负责该项目的二手车鉴定评估师盖章并签名，再送复核人（一般是高级二手车评估师）审核签章，最后送评估机构负责人审定签章并加盖机构公章。

《关于资产评估报告书的规范意见》第2条的要求是：鉴定估价报告应有委托单位（或个人）的名称，二手车鉴定评估机构的名称和印章，二手车鉴定评估机构法人代表或其委托人和二手车鉴定评估师的签字，以及提供报告的日期。

步骤18：提交二手车鉴定评估报告

二手车鉴定评估报告签发盖章后即可连同作业表等送交委托方。

步骤19：归档

案例分析

企业案例——车辆评估报告

任务巩固与拓展

班级：	姓名：	学号：

1. 二手车鉴定评估报告的作用有哪些？（多选题）（　　　）

   A. 为被委托的车辆提供作价依据

   B. 二手车评估报告书是建立和归集评估档案资料的重要信息来源

   C. 对二手车评估报告书进行审核，是管理部门完善汽车评估管理的重要手段

   D. 明确车辆的价值

2. 下列属于二手车鉴定评估报告中包含的内容有（　　　）。

   A. 封面　　　　　　　　　　　　B. 委托方和车辆所有方

   C. 鉴定评估对象　　　　　　　　D. 鉴定评估基准日

自我分析与总结

学生改错：	学会的内容

学生总结：

二手车鉴定评估与交易

项目学习成果实施与测评

1. 项目学习成果名称：撰写二手车鉴定评估报告

班级：		小组成员：	
核心内容			
诚信二手车评估机构给陈先生的爱车起亚 K2 完成了鉴定评估工作，评估师小蔡跟着经理学习了整个过程。经理要求他为客户撰写二手车鉴定评估报告			
基本要求			
（1）学生以小组为单位协作完成本次任务。 （2）根据车主信息、车辆信息、鉴定情况，完成鉴定评估报告			

任务实施：车辆基本情况

1. 委托方信息及评估机构信息

委托方	王××	委托方联系人	王××
联系电话	132××××××××	车主姓名/名称	王××
鉴定评估机构名称	山东日照诚信二手车鉴定评估有限公司	评估基准日	2020 年 12 月 30 日
二手车鉴定评估师	蔡××	复核人	李××

2. 鉴定评估车辆信息

厂牌型号	起亚 K2	牌照号码	鲁 L12345
发动机号	08KH×××	车辆识别代码	LFV3A23C4H3×××
注册登记日期	2016 年 5 月 6 日	年审检验合格有效期至	2021 年 5 月
交强险截止日期	2021 年 5 月 5 日	车船税截止日期	2021 年 5 月 5 日
是否查封、抵押车辆	□是 ☑否	车辆购置税证	☑有 □无
机动车登记证书	☑有 □无	机动车行驶证	☑有 □无
未接受处理的交通违法记录	□有 ☑无	使用性质	家庭用车
行驶里程	3 600 km	已使用年限	55 个月
原始价格	80 000 元		

续表

3. 技术鉴定结果

| (1) 车身骨架检查（检查车身骨架，各结构正常，无事故痕迹） |
| (2) 车身检查（行李箱盖有一块面积约 200 mm×280 mm 的划痕）。19 分 |
| (3) 发动机舱检查（正常）。20 分 |
| (4) 驾驶舱检查（转向盘自由行程过大，大于 25°）。9 分 |
| (5) 起动检查（正常）。20 分 |
| (6) 路试检查（路试过程中，底盘部位有异响）。13 分 |
| (7) 底盘检查（正常）。15 分 |
| (8) 功能性零部件齐全完整，功能正常。|

总分：96 分

一级

该车技术状态良好，行李箱盖有划痕，转向盘自由行程过大，路试过程中底盘有异响，底盘无渗漏，可以进行交易。

4. 重要配置及参数信息

燃料标号	92	排量	1 460 mL	缸数	4
发动机功率	162 kW	排放标准	国五	变速器型式	DCT
安全气囊	有	驱动方式	前置前驱	ABS	有

5. 价值评估

重置成本法计算模型：评估值=更新重置成本×综合成新率。

更新重置成本为 68 000 元。

综合成新率为 95.38%。

2. 项目学习成果测评标准

班级：		小组：	
日期		总分：	
序号	得分条件	分值	得分
1	委托方信息填写正确	5分	
2	技术鉴定结果撰写正确	10分	
3	车辆技术状况等级撰写正确	10分	
4	车辆配置及参数信息撰写正确	5分	
5	评估价值撰写正确	10分	
6	明确相关工作任务，理解任务在企业中的重要程度	10分	
7	掌握工作相关知识及填写要点	10分	
8	对车辆的检查结果进行分析	10分	
9	准确填写二手车鉴定评估报告	10分	
10	报告完整、清晰、明了，不缺项	10分	
11	客观公正	10分	

项目六 二手车交易

项目导读

本项目主要介绍了二手车交易实际工作流程,包括汽车收购、销售、置换等交易活动的相关工作,以及汽车在交易后办理转移登记手续等内容。书中的相关表格有助于学生更好地理解行业中的实际工作过程,同时要求学生能够绘制并引导顾客填写。

学习目标

(1) 二手车收购、销售、置换和拍卖等交易流程。
(2) 二手车整备翻新流程、项目和方法。
(3) 会填写交易过程中的各种手续和合同。
(4) 能够使用多种方法确定合理的收购定价和销售价格。
(5) 通过与同学协作完成各种二手车交易。
(6) 能够协助客户办理二手车过户手续。
(7) 逐步培养学生按照规范和标准完成二手车交易的工作习惯。
(8) 逐步培养学生热情周到的服务意识。

项目实施

在进行二手车交易时,评估师也扮演了销售人员的角色,这就要求评估师不仅能够熟悉各种交易流程和所需要的手续,协助客户办理车辆过户工作,同时还要以饱满的工作热情和周到的服务对待每一位客户。

任务一　二手车收购

任务导入

今天早上公司迎来了一位私家车主陈先生，小蔡热情地接待了这位客户。通过了解得知，客户欲转让一辆捷达汽车，今天来咨询收购价格，如果价格满意，就打算出手。

该车的基本情况如下：初次登记日期为2014年5月，转让时间为2020年12月5日，已使用了6年11个月。该型号车辆的市场购置价为8万元，报废年限为15年，残值忽略不计。

任务说明

本次任务是需要评估师在查看车辆之后，给出一个让客户满意的收购价格，并且为客户办理收购手续。选择一个合适的收购价格计算方法、熟悉收购流程是完成今天这个任务的关键。

学习目标

（1）二手车收购流程。

（2）二手车收购价格确定方法。

（3）通过小组协作，能够完成二手车收购工作。

（4）通过小组协作，能够确定合理的收购价格。

（5）在确定收购价格时，培养学生严谨、全面地分析问题的能力。

（6）逐步培养学生了解时政，理解、把握国家宏观政策的思维习惯和能力。

（7）逐步培养学生了解市场微观环境和把握市场供求关系变化的能力。

任务准备

请同学们准备：捷达车辆、机动车行驶证、机动车登记证书、身份证、收购合同等。

 **任务实施**

序号	内容	讲解视频	序号	内容	讲解视频
步骤1	接待客户		步骤3	鉴定车况	
			步骤4	与卖方商谈价格（重点）（难点）	
			步骤5	查档刑侦	
步骤2	检查核对证件		步骤6	签订收购合同	
			步骤7	支付车款	
			步骤8	办理过户手续	
			步骤9	收车入库	

 **实施要点**

步骤1：接待客户

（1）顾客进店时，主动问好，并热情迎接。

（2）询问客户的来访目的。

（3）及时递上名片，简短地进行自我介绍，并请教客户尊姓。

（4）与顾客同行人员一一打招呼。

（5）引导、带领顾客来到洽谈区，为客户提供水或饮料

步骤2：检查核对证件

检查身份证、机动车行驶证、机动车登记证书；检查车辆，核对车辆VIN码、发动机号与行驶证和机动车登记证书是否一致；检查车辆是否可交易。

对车主身份以及相关证件进行初步的核对，同时双方也可以通过这个环节使彼此间有个初步的了解，判断交易是否可靠。在这个接触过程中，礼仪、话术也很重要。

提示引导

重点提示——检查核对证件

核对车主身份以及相关证件,《二手车交易规范》第十三条规定,二手车经销企业在收购车辆时,应按下列要求进行。

1. 确认卖方的身份及车辆的合法性

(1) 卖方身份证明或者机构代码证书原件合法有效。

(2) 车辆号牌、机动车登记证书、机动车行驶证、机动车安全技术检验合格标志真实、合法、有效。交易车辆不属于《二手车流通管理办法》第二十三条规定禁止交易的车辆。

2. 核实卖方的所有权或处置权证明

(1) 机动车登记证书、行驶证与卖方身份证明名称一致;国家机关、国有企业事业单位出售的车辆应附有资产处理证明。

(2) 委托出售的车辆,卖方应提供车主授权委托书和身份证明。

(3) 二手车经销企业销售的车辆,应具有车辆收购合同等能够证明经销企业拥有该车所有权或处置权的相关材料,以及原车主身份证明复印件。原车主名称应与机动车登记证、行驶证名称一致。

步骤3:鉴定车况

这个环节主要是对车辆的技术状况进行鉴定(鉴定过程和鉴定项目与项目三相同),为下一步确定收购价格提供依据。

步骤4:与卖方商谈价格

评估师根据车况、市场宏观和微观环境等影响因素,以及一定的计算方法,给出收购价格,并与车主协商。如对车辆技术状况及价格存有异议,经双方商定可委托二手车鉴定评估机构对车辆技术状况及价值进行鉴定评估。

 知识应用

深度理解——收购价格的影响因素

 自主学习资源

企业方案——计算二手车收购价格

步骤5：查档刑侦

查档刑侦是由车辆管理部门对车辆的身份进行核对，同时处理车辆违章情况。未能通过的车辆不允许进行交易，这是对收购方收购合法车辆最有效的保障。

步骤6：签订收购合同

达成车辆收购意向的，签订收购合同，收购合同中应明确收购方享有车辆的处置权。

双方一旦对交易价格达成一致，就进入签订协议的阶段，作为保障双方权益的法律文件，应采用政府提供的参考文本。

步骤7：支付车款

按收购合同向卖方支付车款，车款可以一次性支付，也可以分多次支付。

一般情况下车款是分多次支付的，收购方往往会扣留部分押金。一次性支付车款风险太大，对于经营者来说必须有足够的把握才行，有的经营者为了争取客户，防止客户流失，也会采取较为冒险的方式。

步骤8：办理过户手续

准备好车辆过户所需的材料，与客户一同前往车管所，办理过户手续。

步骤9：收车入库

买卖双方对车辆进行交接，收购方验收车辆、车辆证件和建档。

 创新创业

你能创业——二手车收购

收购二手车业务是二手车经营企业正常运行的第一个业务，这个业务关系到企业能否营利、利润多少。如何才能收购到能够让企业赚钱的二手车呢？同学们可以从以下几个方面着手：

（1）收购车辆最好是畅销车型，如果是非大众化的车型，则一定要压低价格。

（2）收购保值率比较高的二手车，保值率高的车辆，经过整备翻新后，利润比较高。

（3）收购的二手车车龄在10年内，超过10年的车，收购价格很低，同时利润也很低（不同车辆略有不同）。

（4）在二手车市场，销量最好的是4万~5万元的二手车，所以在收购车辆时，价格高于5万元的车辆要慎重。

任务巩固与拓展

1. 任务巩固：简答题

| 班级： | 姓名： | 学号： |

1. 请描述二手车收购的工作流程。

2. 请简要说明确定二手车收购价格的方法。

3. 车主需要准备哪些资料？

4. 评估师在接待客户时，需要做哪些检查？如何检查？

5. 车主丢失了行驶证，收购专员如何处理？

2. 拓展任务：请同学们模拟收购车辆

任务情景
车主陈先生想要转让一辆捷达轿车，经与二手车交易中心洽谈，由中心收购车辆。请同学们分组模拟收购过程
要求
模拟车主的同学准备好相关资料，如果收购价格让你不满意，则可以提前结束收购流程。 　　模拟车主的同学提前预估车辆收购价格；模拟收购专员的同学可以与多个同学相互配合，争取完成本次收购，为公司创造利润。 　　用快速折旧法（累计折旧额用年份数求和法和双倍余额递减法分别计算，再综合衡量）计算收购价格
车辆基本信息
车辆名称：一汽捷达（见图6-1-1）； 型号：167GOD； 生产厂家：长春一汽； 发动机型号：ARC01×××； 燃油种类：汽油； 排量：1.6L； 牌照号：鲁LDG×××； 初次登记日期：2014年5月； 累计行驶里程：8万km； 购买价格：9万元。 经评估师对车况进行鉴定，其中离合器有打滑现象，减速器挂挡有异响（维修费用700元）；转向系统低速有摆振现象，转向不灵敏（维修费用1 550元）
收购价格计算过程

图6-1-1　一汽捷达

二手车鉴定估价登记表见表 6-1-1。

表 6-1-1　二手车鉴定估价登记表

车主		所有权性质		联系电话		
地址					经办人	
原始情况	车辆名称		型号		生产厂家	
	结构特点		发动机型号		车架号：	
	载质量/座位数/排量		燃料种类			
使用情况	初次登记日期		牌照号		车籍	
	已使用年限		累计行驶里程		工作性质	
	大修次数	发动机			工作条件	
		整车				
	维修情况		现时状态			
	事故情况					
	现时技术状况					
手续情况	证件					
	税费					
价值反映	购置日期		账面原值/元		账面净值/元	
	车主报价/元		重置原值/元		初估价值/元	

二手车收购合同

使用说明

一、本合同是依据《中华人民共和国合同法》《二手车流通管理办法》等有关法律、法规等制定的示范文本，供当事人约定使用。

二、本合同所称的收购人，是指购买二手车的当事人。本合同所称的售卖人，是指出让二手车的当事人。

三、售卖人应向收购人提供车辆的使用、修理、事故、检验以及是否办理抵押登记、海关监管、交纳税费期限、使用期限等真实情况和信息。收购人在签订本合同前，应当仔细了解、查验二手车的车况、有关车辆的证明文件及了解各项服务内容等。

四、收购车辆达到两辆以上时，只需加附《车辆基本情况表》。

五、本合同有关条款下均有空白项，供当事人自行约定。

六、本合同示范文本自 2010 年 8 月 3 日起使用。

收购人（以下简称甲方）：_____

售卖人（以下简称乙方）：_____

第一条　目的

依据有关法律、规范和规章规定，甲乙双方为完成二手车收购事项，双方在自愿、平等和协商一致的基础上签订本合同。

第二条　当事人及车辆情况

（一）甲方基本情况：

单位代码证号：□□□□□□□□□

法定代表人：_____

经办人：_____

身份证号码：□□□□□□□□□□□□□□□□□□

单位地址：_____

邮政编码：_____

联系电话：_____

（二）乙方基本情况：

1. 单位代码证号：□□□□□□□□□

法定代表人：_____

经办人：_____

身份证号码：□□□□□□□□□□□□□□□□□□

单位地址：_____

邮政编码：_____

联系电话：_____

自然人身份证号码：□□□□□□□□□□□□□□□□□□
现居住地址：_____
邮政编码：_____
联系电话：_____

（三）车辆基本情况：

车辆牌号：_____
车辆类型：_____
厂牌、型号：_____
颜色：_____
初次登记日期：_____
登记证号：_____
发动机号码：_____
车架号码：_____
行驶里程：_____ km
使用年限：_____
车辆年检签证有效期至____年____月____日
排放标准：_____
车辆购置税完税证明证号：_____
车辆使用纳税缴付截止期：_____
车辆养路费交讫截止期：____年____月____日（证号____）
车辆保险险种：_____
配置：_____
其他情况：_____

第三条　车辆价款

车价款为人民币_____元（大写_____），其中包含车辆、备胎以及_____等款项。双方确定本车车款是在以上第二条的基础上确定的。

第四条　定金和价款的支付、车辆保管

（一）甲方应于本合同签订时，按车价款____%（≤20%）人民币_____元（大写）作为定金支付给乙方。

（二）车辆在交易完成前，选择以下第（　）项方式保管：

1. 继续由乙方使用和保管；

2. 交由甲方保管；

3. 交由第三方代为保管（车辆应存放于第三方指定地点，并由第三方和甲、乙双方查验认可）。

（三）本合同签订后日内，甲方应向乙方支付车价款人民币____元（大写_____元）。

（四）乙方应予本合同签订后_____日内，将本车办理过户☞/转籍☞所需的有关证件原件以及复印件交付给甲方（做好签收手续），并协调甲方办理该车的刑侦核查手续。

第五条　权利与义务

（一）乙方承诺出卖车辆不存在任何权属上的法律问题和尚未处理完毕的道路交通安全违法行为或者交通事故；应提供车辆的使用、修理、事故、检验以及是否办理抵押登记、海关监管、交纳税费期限、使用期限等真实情况和信息。

（二）各方应在约定的时间内提供各类证明、证件并确保真实有效。

第六条　违约责任

（一）甲方违约的，不得向乙方主张返还定金并赔偿乙方相应损失；乙方违约时，向甲方双倍赔付定金并赔偿甲方相应损失。

（二）乙方未按合同约定交付的，应按延期天数向甲方支付违约金每天人民币_____元。

（三）甲方延期交付的应按延期天数向乙方支付违约金每天人民币_____元。

第七条　争议解决方式

因本合同发生的争议，由当事人协商解决，或向有关行业组织及消费者协会申请调解。当人不愿协商、调解，或协商、调解不成的，按下列第_____种方式解决：

（一）向仲裁委员会申请仲裁；

（二）向人民法院起诉。

第八条　其他

本合同经双方当事人签字或盖章后生效，本合同一式2份。

附件：《车辆基本情况表》

甲方（签章）：	乙方（签章）：
法定代表人（签章）：	法定代表人（签章）：
经办人：	经办人：
开户银行：	开户银行：
账号：	账号：
签约时间：　年　月　日	签约时间：　年　月　日

签约地点：

合同填写中的注意事项：

1. 由于历史原因，许多车辆的实际车主并非行驶证上登记的车主，在法律意义上，非行驶证登记的车主本人签署的车辆交易协议是无效的，因此，协议上必须注明相关内容及责任条款。

2. 为控制风险，一般支付定金为1 000～2 000元。支付后，视交车时间的长短，同时最好能收取车主的一些非随车证件作为履约保证，如保险单、维修保养手册、养路费单据、车辆购置税完税证明等。

3. 拓展任务评价标准

班级：		姓名：		得分：
日期：		学号：		

序号	评分项	得分条件	分值	得分
1	车主	车辆和车主材料齐全	5分	
2		车辆信息描述准确	5分	
3		表达清晰明了	5分	
3	收购专员	接待礼仪自然、恰当	5分	
4		检查车辆证件，核对证件和车辆信息	5分	
5		鉴定车辆，结合车主描述，准确评估车况	5分	
6		正确使用年份数求和法计算累计折旧额	5分	
7		正确使用余额递减法计算累计折旧额	5分	
8		收购价格计算正确	10分	
9		综合考虑宏观和微观影响因素，收购价格确定合理	10分	
10		与客户商谈价格方法策略得当，达成一致	10分	
12		与客户签订《二手车收购合同》，合同填写规范	5分	
12		与客户确定付款方式	3分	
13		收缴车辆证件	2分	
14	素质要求	收购流程完整、规范	5分	
15		礼仪恰当、自然，服务周到	5分	
16		语言规范，不卑不亢	5分	
17		准确把握国家政策和市场行情	5分	

自我分析与总结

学会的内容

学生改错：

学生总结：

任务二　办理二手车过户手续

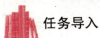
任务导入

评估师与捷达车主商谈后，车主很满意收购价格，唯一觉得麻烦的就是车辆过户手续的办理。评估师小蔡检查了车主所带的车辆证件和单据，接下来，小蔡就要为车主办理车辆过户手续了。

任务说明

本次任务是在评估师与客户达成收购意向后，引领客户办理过户手续。办理过户时，评估师需要准备好车辆和买卖双方的证件，按照过户的流程逐项完成。所以评估师不仅要了解过户所需要的证件和单据，更要熟悉工作流程，这样才能高效地完成这项工作。

学习目标

（1）了解常见二手车交易的类型及交易的相关规定。
（2）熟悉交易过户流程。
（3）掌握二手车交易时各种业务的办理方法及程序。
（4）熟悉二手车交易时各种手续的办理和变更。

273

任务准备

请同学们准备：机动车行驶证、机动车登记证书、身份证和收购合同等。

 任务实施

子任务一　车辆买卖交易过户		
序号	内容	讲解视频
步骤1	验车	
步骤2	验手续	
步骤3	查违法	
步骤4	签订交易合同	
步骤5	交纳手续费	
步骤6	开具二手车销售发票	
步骤7	交付手续	
子任务二　同城车辆转移登记过户		
序号	内容	讲解视频
步骤1	提出申请	
步骤2	校验车辆	
步骤3	审核资料	
步骤4	受理申请	

 实施要点

二手车过户过程实际上分为两个步骤：车辆买卖交易过户和转移登记过户（产权变更），两个步骤缺一不可。交易过户业务在二手车交易市场里办理，获取二手车销售统一发票；转移登记过户业务在车管所办理，主要完成机动车登记证书的变更登记、核发机动车行驶证及机动车号牌。办理二手车交易过户时，如果原车主及新车主不能到场，则可以授权委托其他人来办理交易及过户业务，但必须签署授权委托书。

提示引导

重点提示——机动车过户类型及所需材料

在办理二手车交易时，如果原车主不来，则可以授权委托其他人来办理交易及过户手续，但必须签署授权委托书。此委托书只在办理交易过户业务时使用，而办理转移登记过户业务不用。

1. 所有权由个人转移给个人

需要携带卖方个人身份证原件及复印件、买方个人身份证原件及复印件、机动车登记证书、车辆行驶证原件及复印件、机动车原始购置发票和机动车买卖合同。

2. 所有权由个人转移给单位

需要携带卖方个人身份证原件及复印件、买方单位法人代码证书原件及复印件（法人代码证书须在年审有效期）、买方个人身份证原件及复印件、车辆行驶证原件及复印件、机动车登记证书、机动车原始购置发票和机动车买卖合同。

3. 所有权由单位转移给单位

车辆所有人的法人代码证书原件及复印件（法人代码证书需在年审有效期内）、机动车行驶证原件及复印件、机动车到场、机动车登记证书、机动车原始购置发票和机动车买卖合同。

4. 所有权由单位转移给个人

卖方单位法人代码证书原件及复印件（法人代码证书须在年审有效期内）、买方个人身份证原件及复印件、卖方单位按评估价格给买方个人开具的有效成交发票（需复印）、过户车辆的机动车登记证书原件及复印件、买卖合同。

子任务一 车辆买卖交易过户

步骤1：验车

验车是买卖双方到二手车交易市场办理过户业务的第一道程序，由市场主办方委派负责过户的业务人员办理。验车的主要目的主要是检验车辆和行驶证上的内容是否一致，并对车辆的合法性进行验证。检查的内容包括车主姓名、车辆名称、车辆的号牌号码、车辆类型、车辆识别代码、发动机号、排气量、初次登记日期等，经检查无误后，填写"车辆检验单"，进入查验手续阶段。

步骤2：验手续

验手续主要是查验车辆手续和机动车所有人身份证明，目的是检验买卖双方所提供的所有手续是否具备办理过户的条件，检查有无缺失以及不符合规定的手续。

1. 车辆手续检查

（1）查验证件。目的是查验交易车辆的合法性。每辆注册登记的机动车都有车辆管理所核发的机动车登记证书和机动车行驶证、机动车号牌，号牌必须悬挂在车体指定位置。二手车交易时主要查验以下证件：机动车来历证明、机动车登记证书和机动车行驶证。

（2）查验税费证明。根据《二手车流通管理办法》规定，二手车交易必须提供车辆购置税、车船使用税和车辆保险单等税费缴付凭证。

2. 机动车所有人身份证明核查

机动车所有人身份证明是证实车主身份的证明，目的是查验机动车所有人是否合法拥有该车的处置权。

如果车主为自然人，则身份证件为个人身份证明。个人身份证明又有本地和外地之分，本地个人，只需身份证原件；外地个人，需身份证原件和暂住（居住）证原件。

如果车主为企业，则身份证件为企业的法人代码证书。

如果车主为外籍公民，则身份证件为其护照及工作（居留）证。

3. 卖方的身份及车辆的合法性核查

卖方身份证明或者机构代码证书原件合法有效。

车辆号牌、机动车登记证书、机动车行驶证、机动车安全技术检验合格标志真实、合法、有效。

交易车辆不属于《二手车流通管理办法》第二十三条规定的禁止交易的车辆。

知识应用

判断标准——禁止交易的车辆

4. 卖方的所有权或处置权证明核查

机动车登记证书、行驶证卖方身份证明名称一致；国家机关、国有企事业单位出售的车辆，应附有资产处理证明。

委托出售的车辆，卖方应提供车主授权委托书和身份证明。

二手车经销企业销售的车辆，应具备车辆收购合同等能够证明经销企业拥有该车所有权或处置权的相关材料，以及原车主身份证明复印件，原车主名称应与机动车登记证、行驶证名称一致。

步骤3：查违法

查询交易的二手车是否有违法行为记录，具体方法是登录车辆管理部门的信息数据库或查询网站进行查询。

步骤4：签订交易合同

二手车经过查验和评估后，其车辆的真实性和基本价格已基本确定。如果车主不同意评估价格，则可以和二手车经销企业协商达成最终交易的价格，同时，需要原车主对其车辆的一些其他事宜（使用年限、行驶千米数、安全隐患、有无违章记录等）做出一个书面承诺，这些都是以签订交易合同的形式来确定的。交易合同是确立买卖双方交易关系和履行责任的法律合约，也是办理交易手续和过户手续的必要凭证之一。

步骤5：交纳手续费

手续费，又称过户费，是指在二手车交易市场办理交易过户业务相关手续的服务费用。

2005年10月颁布实施《二手车流通管理办法》之前，二手车过户费是按照车辆评估价值的一定比例征收的，这也是二手车交易市场的主要利润来源。

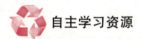
自主学习资源

企业方案——过户费

步骤6：开具二手车销售发票

二手车销售发票是二手车的来历证明，是办理转移登记手续变更的重要文件，因此，它又被称为"过户发票"。过户发票的转移登记联有效期为一个月，买卖双方在此期间内，到车辆管理部门办理机动车行驶证、机动车登记证的相关变更手续。

二手车销售统一发票由从事二手车交易的市场、有开票资格的二手车经销企业或拍卖企业开具；二手车经纪公司和消费者个人之间的二手车交易发票由二手车交易市场统一开具。二手车交易发票的价款不包括过户手续费和评估费。

步骤7：交付手续

二手车交易完成后，卖方应及时向买方交付车辆、号牌及车辆法定证明、凭证，主要包括：

（1）机动车登记证书原件；
（2）机动车行驶证原件；
（3）车辆购置税完税证明；
（4）车辆保险单和车船税凭证；
（5）机动车号牌；

277

(6) 所购二手车；
(7) 原车主身份证复印件。

子任务二 同城车辆转移登记过户

如果买卖双方的住所在同一城市车辆管理所管辖区内，则机动车产权转移登记手续称为同城车辆转移登记过户。具体步骤如下：

步骤1：提出申请

现车主向车辆管理所提出机动车产权转移申请，填写"机动车注册、转移、注销登记/转入申请表"。

步骤2：校验车辆

现车主将机动车送到机动车检测站检测，进行验车、拓印车架号、拆原有机动车牌照、对车辆进行拍照，最后将业务表传递给业务窗口。

验车主要是检查车辆是否为盗抢车、走私车和拼装车，检查车辆和行驶证、登记证书的内容是否一致，对车辆的合法性进行验证，审查机动车行驶证；查验机动车，核对车架号和发动机号；查验机动车检验合格标志；将车辆照片和拓印的车架号粘贴到机动车查验记录表。如果是已经超过检验周期的机动车，则还要进行安全检测。

步骤3：审核资料

审查"机动车注册、转移、注销登记/转入申请表"，以及现机动车所有人身份证明、二手车销售统一发票、机动车登记证书、机动车行驶证和"机动车查验记录表"；属于海关监管的机动车还应当审查《中华人民共和国海关监管车辆解除监管证明书》或海关批准的转让证明，属于机动车超过检验有效期的还应当审查交通事故责任强制保险凭证；核查交通安全违法行为和交通事故处理情况；与盗抢机动车信息进行比对。

步骤4：受理申请

受理转移登记申请，查验并收存相关资料，向现车主出具受理凭证。审批相关手续，符合规定的在计算机登记系统中确认；不符合规定的说明理由并开具退办单，将资料退回车主。

如果需要改变机动车登记编号，则收回原机动车号牌、机动车行驶证，确定新的机动车登记编号，重新核发机动车编号、机动车行驶证和检验合格标志；如果不需要改变机动车登记编号，则只需重新核发机动车行驶证，并在"机动车登记证书"上记载转移登记事项。

提示引导

重点提示——不能办理过户登记的车辆

有下列情形之一的，不能办理过户登记。

（1）车主提交的证明、凭证无效的；

（2）机动车来历凭证涂改，或者机动车来历凭证记载的车主与身份证明不符的；

（3）车主提交的证明、凭证与机动车不符的；

（4）机动车未经国家机动车产品主管部门许可生产、销售或者未经国家进口机动车主管部门许可进口的；

（5）机动车的有关技术数据与国家机动车产品主管部门公告的数据不符的；

（6）机动车属于被盗抢的；

（7）机动车与该车档案记载内容不一致的；

（8）机动车未被海关解除监管的；

（9）机动车在抵押期间的；

（10）机动车或者机动车档案被人民法院、人民检察院、行政执法部门依法查封、扣押的；

（11）机动车涉及未处理完毕的道路交通安全违法行为或者交通事故的。

 自主学习资源

刨根问底——异地车辆所有权转移登记

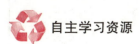 自主学习资源

标准法规——办理其他税、证的变更手续

任务巩固与拓展

1. 任务巩固：简答题

班级：	姓名：	学号：
1. 二手车过户的流程是什么？在哪里办理过户手续？		
2. 二手车过户时，车主需要准备的材料有哪些？		
3. 二手车过户时，评估师的工作主要有哪些？		
4. 如果二手车交易属于私人交易，如何办理过户手续？		

2. 拓展任务：请同学们模拟车辆过户

任务情景
评估师小蔡和车主对捷达车的收购达成了一致意见，接下来，就要去办理车辆过户
角色分配
角色1：车主陈先生（私家车、公司车辆、事业单位车辆）
角色2：评估师小蔡
角色3：市场管理方工作人员
角色4：车管所工作人员
模拟内容
（1）评估师检查证件是否齐全；
（2）评估师和车主办理车辆的交易过户，填写相关表格；
（3）评估师与车主办理车辆的转移登记过户，填写相关表格；
（4）评估师与车主办理车辆购置税的变更

车辆过户相应手续如图 6-2-1 及表 6-2-1~表 6-2-3 所示。

```
卖　　方：_____           电　　话：_____
买　　方：_____           电　　话：_____
号牌号码：_____           车辆类型：_____
车辆名称：_____           使用性质：_____
车辆识别代码：_____        发动机号：_____
排 气 量：_____           年　　份：_____ 颜　色：_____
注册登记日期：_____        登记证号：_____
原购车价：_____   交易管理费：_____   有效期：_____

                    验车员：_____

                                              年　月　日

备注：



号牌号码：_____   登记日期：_____   年　份：_____
厂牌名称：_____   颜　　色：_____   排气量：_____
车辆类型：_____   使用性质：_____
原购车价：_____   经办人：_____

                                              年　月　日
```

图 6-2-1　二手交易市场车辆检验单

表6-2-1 机动车注册、转移、注销登记/转入申请表

申请人信息栏				
机动车所有人	姓名/名称		邮政编码	
	邮寄地址			
	手机号码		固定电话	
代理人	姓名/名称		手机号码	

申请业务事项	
申请事项	□注册登记 □注销登记 □转移登记 □车辆转入 □车辆转出 转出至： 省（自治区、直辖市） 市（地、州）
号牌种类	号牌号码

机动车	品牌型号	车辆识别代码	
	使用性质	□非营运 □公路客运 □公交客运 □出租客运 □旅游客运 □租赁 □教练	
		□接送幼儿 □接送小学生 □接送中小学生 □接送初中生 □危险货物运输 □货运	
		□消防 □救护 □工程救险 □警用 □出租营转非 □营转非	

机动车所有人及代理人对申请材料的真实性负责	机动车所有人（代理人）签字

表 6-2-2 机动车查验记录表

号牌号码（流水号或其他与车辆能对应的号码）：　　　　　号牌种类：

业务类型：注册登记 转入 转移登记 变更迁出 变更车身颜色 核发检验合格标志 更换车身或者车架 更换发动机 变更使用性质 重新打刻 VIN 重新打刻发动机号 更换整车 申领登记证书 补领登记证书 监销 其他							
类别	序号	查验项目	判定	类别	序号	查验项目	判定
通用项目	1	车辆识别代码		大中型客车、校车、危险化学品运输车	14	灭火器	
	2	发动机型号/号码			15	行驶记录装置	
	3	车辆品牌/型号			16	安全出口/安全手锤	
	4	车身颜色			17	外部标识、文字	
	5	核定载人数		其他	18	标志灯具、警报器	
	6	车辆类型			19	安全技术检验合格证明	
	7	号牌/车辆外观形状		查验结论：			
	8	轮胎完好情况						
	9	安全带、三角警告牌						
货车、挂车	10	外廓尺寸、轴数		查验员：　　　　　　　　　　年　月　日			
	11	轮胎规格						
	12	侧后部防护装置		复验合格	查验员：　　　　　　　　　年　月　日		
	13	车身反光标识						
机动车照片 （注册登记、转移登记、需要制作照片的变更登记、转入、监销）					备注：		
车辆识别代码（车架号）拓印膜 （注册登记、转移登记、转出、转入、更换车身或者车架、更换整车、申领登记证书、重新打刻 VIN）							

表6-2-3 车辆变动情况登记表

填表日期： 年 月 日

车主名称				邮政编码	
联系电话				地址	
完税证明号码					
车辆原号牌				车辆新号牌	
车辆变动情况：					
过户	过户前车主名称				
	过户前车主身份证件及号码				
转籍	转出	车主名称			
		地址			
	转入	车主名称			
		地址			
变更	变更项目				
		发动机	车辆识别代号（车架号码）		其他
	变更前号码		变更前号码		
	变更后号码		变更后号码		
	变更原因				
以下由税务机关填写					
接收人：		接收时间：		主管税务机关（印章）	
备注：					

填表说明：

(1) 本表由车主到车购办申请办理车辆过户、转籍、变更档案手续时填写。

(2) "完税证明号码"栏，按下列要求填写：

①过户车辆填写过户前车购办核发的完税证明号码；

②转籍车辆填写转出地车购办核发的完税证明号码；

③变更车辆填写变更前车购办核发的完税证明号码。

(3) "有效凭证号码"栏，填写车辆交易时开具的有效凭证的号码。

(4) 本表"备注"栏填写新核发的完税证明号码。

(5) 本表一式两份（一车一表），一份由车主留存，一份由车购办留存。

3. 评价标准

班级：		姓名：	得分：	
日期：		学号：		
序号	角色	得分条件	分值	得分
1	车主	车辆和车主材料完整	5分	
2		填写"机动车注册、转移、注销登记/转入登记表"	10分	
3	评估师	与车主签订交易合同，填写规范	5分	
4		整理卖方向买方交付的手续	10分	
5		协助车主填写"机动车注册、转移、注销登记/转入登记表"	5分	
6		规范填写"车辆变动情况登记表"	5分	
7		准备好变更车辆购置税的资料	5分	
8	市场管理方工作人员	检查车辆与行驶证信息一致	5分	
9		"车辆检验单"填写规范	5分	
10		检查机动车行驶证、机动车登记证书、机动车来历凭证，核对一致性，判断车辆是否合法	10分	
11		检查机动车所有人相关证件，判断是否具有车辆处置权	5分	
12		登录车辆管理部门或网站进行查询	5分	
13		开具发票	5分	
14	车管所工作人员	交验车辆，规范填写"机动车查验记录表"	5分	
15		审查"机动车注册、转移、注销登记/转入登记表"、车辆证件，判断车辆是否符合转移登记要求	5分	
16		分工明确，细致严谨	5分	
17		熟悉工作流程和内容，对于工作一丝不苟	5分	

自我分析与总结

学生改错：	学会的内容

学生总结：

任务三　二手车销售定价

任务导入

昨天公司收购了一辆二手车，经过前期对车辆的整备翻新，车辆已经焕然一新，今天评估师小蔡的工作是为这辆车计算销售价格。

该二手车基本情况如下：品牌型号为大众朗逸三厢 2019 款 1.4T 自动 280TSI 舒适版，收购价格为 9.8 万元，整备翻新的费用是 1 000 元，车辆保险有效期至 2020 年 12 月 31 日，该车欲于 2020 年 12 月 31 日前销售。

任务说明

二手车的销售价格是二手车市场行情的具体反映，是决定二手车流通企业收入和利润的唯一因素。因此,掌握市场行情,准确确定每辆车的销售价格是每个二手车销售人员最重要的工作。

 学习目标

(1) 二手车销售价格影响因素。

(2) 定价目标和定价方法。

 任务准备

二手车。

 任务实施

序号	内容	讲解视频	序号	内容	讲解视频
步骤1	分析定价因素		步骤3	确定定价方法（重难点）	
步骤2	确定定价目标		步骤4	制定定价策略	
			步骤5	确定最终价格	

 实施要点

步骤1：分析定价因素

1. 成本因素

二手车流通企业销售定价应分析价格、需求量、成本、销量、利润之间的关系,正确地估算成本,以作为定价的依据。二手车销售定价时应考虑收购车辆的总成本费用,总成本费用由固定成本费用和变动成本费用之和构成。

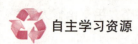

自主学习资源

企业方案——成本计算方法

在二手车流通企业，一辆二手车的总成本费用=收购价格×固定成本费用摊销率+变动成本费用，其中：

（1）固定成本费用是指在既定的经营目标内，不随收购车辆的变化而变动的成本费用。如分摊在这一经营项目的固定资产的折旧及管理费等项的支出。

（2）固定成本费用摊销率是指单位收购价值所包含的固定成本费用，即固定成本费用与收购车辆总价值之比。如某企业根据经营目标，预计某年度收购100万元的车辆价值，分摊固定成本费用1万元，则单位固定成本费用摊销率为1%，如花费4万元收购一辆旧桑塔纳轿车，则应该将400元计入固定成本费用。

（3）变动成本费用是指随收购价格和其他费用而相应变动的费用，主要包括车辆实体的价格、运输费、保险费、日常维护费、维修翻新费、资金占用的利息等。

2. 供求关系

在市场经济体系下，供求状态也是制定销售价格时所依据的基本因素之一，既要考虑需求与价格之间的关系，又要考虑供给与价格之间变化的关系，同时还要综合考虑供求两个方面。需求大于供给，价格就会上升；需求小于供给，价格就会下降。企业在定价决策时，除以产品价值为基础外，还可自觉运用供求关系来分析和制定产品的价格。

案例分析

企业案例——企业常见成本项目

3. 竞争状况

在产品供不应求时，企业可以自由地选择定价方式，而在供大于求时，竞争必然随之加剧，定价方式的选择只能被动地根据市场竞争的需求来进行。为了稳定维持自己的市场份额，二手车的销售定价要考虑本地区同行业竞争对手的价格状况，根据自己的市场地位和定价的目标，选择与竞争对手相同的价格，甚至低于竞争对手的价格进行定价。

4. 国家政策法令

任何国家对物价都有适度的管理，所不同的是，各个国家和地区对价格的控制程度、范围、方式等存在着一定的差异，完全放开和完全控制的情况是没有的。一般而言，国家可以通过物价部门直接对企业定价进行干预，也可以用一些财政、税收手段对企业定价实行间接影响。

5. 销售区域限制

限迁是指一些地方对于外地一些排放标准低、年限久的车辆，制定措施，不允许迁入，避免这些车辆大量流入本地市场。随着2018年全国取消限迁的政策，目前大部分城市可以实现流通，但部分城市实行环保限行政策，不符合环保要求的车辆无法流入二手车市场。

步骤2：确定定价目标

利润是考核和分析二手车流通企业营销工作好坏的一项综合性指标，是二手车流通企业最主要的资金来源。以利润为定价目标有3种形式：预期收益、最大利润和合理利润。

1. 获取预期收益目标

预期收益目标是指二手车流通企业以预期利润（包括预交税金）为定价基点，并以利润加上商品的完全成本构成价格出售商品，从而获得预期收益的一种定价目标。预期收益目标有长期和短期之分，大多数企业都采用长期目标。预期收益高低的确定，应当考虑商品的质量与功能、同期的银行利率、消费者对价格的反应以及企业在同类企业中的地位和在市场竞争中的实力等因素。预期收益定得过高，企业会处于市场竞争的不利地位；定得过低，又会影响企业投资的回收。一般情况下，预期收益适中，可能获得长期稳定的收益。

2. 获得最大利润目标

最大利润目标是指二手车流通企业在一定时期内综合考虑各种因素后，以总收入减去总成本的最大差额为基点，确定单位商品的价格，以取得最大利润的一种定价目标。最大利润是企业在一定时期内可能并准备实现的最大利润总额，而不是单位商品的最高价格，最高价格不一定能获取最大利润。当企业的产品在市场上处于绝对有利地位时，往往采取这种定价目标，它能够使企业在短期内获得高额利润。最大利润一般应以长期的总利润为目标，在个别时期，甚至允许以低于成本的价格出售，以便招来顾客。

3. 获取合理利润目标

合理利润目标是指二手车流通企业在补偿正常情况下的社会平均成本的基础上，适当地加上一定量的利润作为商品价格，以获取正常情况下合理利润的一种定价目标。企业在自身力量不足，不能实现最大利润目标或预期收益目标时，往往采用这一定价目标。这种定价目标以稳定市场价格、避免不必要的竞争、获取长期利润为前提，因而商品价格适中，顾客乐于接受，政府积极鼓励。

步骤3：确定定价方法

由于成本、需求和竞争是影响企业定价的最基本因素，产品成本决定了价格的最低限，产品本身的特点决定了需求状况，从而确定了价格的最高限，竞争者产品与价格又为定价提供了参考的基点，也因此形成了以成本、需求、竞争为导向的三大基本定价思路。

1. 成本加成定价法

它首先确定单位产品总成本（包括单位变动成本和平均分摊的固定成本），然后在单位产品总成本的基础上加上一定比例的利润，从而形成产品的销售价格。该方法的计算公式为

$$单位产品价格 = 单位产品总成本 \times (1+成本加成率)$$

由此可以看出，成本加成定价法的关键是成本加成率的确定。一般来说，加成率应与单位产品成本成反比，和资金周转率成反比，与需求价格弹性成反比，且当需求价格弹性不变时加成率也应保持相对稳定。

2. 需求导向定价法

需求导向定价是以消费者的认知价值、需求强度及对价格的承受能力为依据，以市场占有率、品牌形象和最终利润为目标，真正按照有效需求来策划价格。需求导向定价法又称顾客导向定价法，是二手车流通企业根据市场需求状况和消费者的不同反应分别确定产品价格的一种定价方式。其特点：平均成本相同的同一产品价格随需求变化而变化，一般是以该产品的历史价格为基础，根据市场需求变化情况，在一定的幅度内变动价格，以致同一商品可以按照两种或两种以上的价格销售。这种差价可以因顾客的购买能力、对产品的需求情况、产品的型号和式样以及时间、地点等因素而采用不同的形式。

3. 竞争导向定价法

竞争导向定价法是以企业所处的行业地位和竞争定位而制定价格的一种方法，是二手车流通企业根据市场竞争状况确定商品价格的一种定价方式。它主要以竞争对手的价格为基础，并与竞争品价格保持一定的比例，即竞争品价格未变，即使产品成本或市场需求变动了，也应维持原价；竞争品价格变动，即使产品成本和市场需求未变，也要相应调整价格。

 知识应用

深度理解—调研二手车市场行情

掌握市场行情从而确定价格，是竞争导向定价法的核心内容。调研二手车市场行情有以下几个渠道和方法：

（1）当年新车价格调研，可以从各 4S 店直接获得。

（2）第三方市场数据服务商提供的二手车市场行情价格。

（3）互联网上的二手车销售价格。

(4) 二手车有形市场直接抽样询问调研。

(5) 合作伙伴提供的报价。

对通过以上渠道得来的市场行情信息进行综合分析，得出指导本店二手车经营的市场价格行情。需要指出的是必须把这种市场调研常态化，时时关注各种信息渠道提供的信息的变化，及时调整自己的市场价格行情。

步骤4：确定定价策略

二手车销售定价策略是指二手车流通企业根据市场中不同变化因素对二手车价格的影响程度采用不同的定价方法，制定出适合市场变化的二手车销售价格，进而实现定价目标的企业营销战术。

1. 阶段定价策略

阶段定价策略就是根据产品寿命周期各阶段不同的市场特征而采用的不同的定价目标和对策。投入期以打开市场为主，成长期以获取目标利润为主，成熟期以保持市场份额、利润总量最大为主，衰退期以回笼资金为主。另外还要兼顾不同时期的市场行情，相应修改销售价格。

2. 心理定价策略

不同的消费者有不同的消费心理，有的注重经济实惠、物美价廉；有的注重名牌产品；有的注重产品的文化情感含量；有的追赶消费潮流。心理定价策略就是在补偿成本的基础上，按不同的需求心理确定价格水平和变价幅度。如尾数定价策略就是企业针对消费者的求廉心理，在二手车定价时有意定一个与整数有一定差额的价格，这是一种具有强烈刺激作用的心理定价策略。价格尾数的微小差别能够明显影响消费者的购买行为，会给消费者一种经过精确计算的、最低价格的感觉，如某品牌的二手车标价69 998元，给人以便宜的感觉，认为只要不到7万元就能买一台质地不错的品牌二手车。

3. 折扣定价策略

二手车流通企业在市场营销活动中，一般按照确定的目录价格或标价出售商品。但随着企业内外部环境的变化，为了促进销售者、顾客更多地销售和购买本企业的产品，往往根据交易数量、付款方式等条件的不同，在价格上给销售者和顾客各一定的减让，这种生产者给消费者一定程度的价格减让就是折扣。灵活运用价格折扣策略，可以鼓励需求、刺激购买，有利于企业搞活经营，提高经济效益。

4. 其他定价策略

(1) 低价策略。追求市场占有率和企业规模，将价格作为营销的主要手段，牺牲企业自己的利润以实现销售规模。

（2）商誉策略。企业树立自身在二手车领域内的服务品牌，对所售二手车提供质量担保，以优质、高价为经营的手段。

（3）批发为主。企业自己不零售，以批发转售为主，企业参照市场行情制定零售价，同时要制定批售价格和 VIP 价格，体现给客户的优惠。

（4）价值链拓展。企业提供车辆全价值链的服务，利润点很多，多元化经营，竞争手段多样，议价能力很强，这样价格的制定除了参照市场行情制定出市场零售价之外，更重要的是确定组合产品，并制定客户购买不同的组合享有不同的优惠。

（5）市场反馈策略。根据已有的成交价调整下一辆车的价格的策略。一般情况下，如果车辆定价以后的两三天内马上就卖出去了，说明定价可能偏低；倘若长时间后仍未成交，则说明定价可能偏高。因此，确定合适的销售周期作为定价参考是非常有必要的。一般来说，5 万元以内的常见车型 1 周左右为合理的销售周期；10 万元左右的常见车型，2 周左右为合理的销售周期；20 万元以上的则要 3 周。如果某品牌二手车接近正常的销售周期，那么该品牌的销售定价趋于合理。

步骤 5：确定最终价格

二手车流通企业通过以上程序制定的价格只是基本价格，只确定了价格的范围和变化的途径。为了实现定价目标，二手车流通企业还需要考虑国家的价格政策、用户的要求及产品的性价比、品牌价值及服务水平，应用各种灵活的定价战术对基本价格进行调整，同时将价格策略和其他营销策略结合起来，如针对不同消费心理的心理定价和让利促销的各种折扣定价等，以确定具体的最终价格。

创新创业

你能创业——制定你的利润计划

每位创业者都会特别关注你的企业是否赚钱，你将作出以下决策：

（1）制定销售计划——你卖给客户的产品或服务，需要客户付多少钱。

（2）预测销售收入——销售一段时间（至少 6 个月）后，你的企业能够收到多少钱。

（3）制定销售与成本计划——看看你的企业是挣钱，还是赔钱。

（4）制定现金流计划——你是否有足够的资金保证企业正常运转。

一般来说，成本是制定价格的基础，价格是预测收入的基础，收入是计算利润的基础，资金是企业运转的保证。

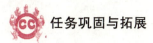

1. 任务巩固：简答题

班级：	姓名：	学号：

1. 二手车销售企业给车辆定价时，主要考虑哪些因素？

2. 定价目标有哪些？与什么因素有关？

3. 一般成本加成率取多少合适？需要考虑什么因素？

2. 任务拓展

请同学们用成本加成法计算二手车的销售价格。

任务情景
诚信二手车公司在12月1日收购了一辆品牌型号为大众朗逸的三厢2019款1.4T自动280TSI舒适版轿车（见图6-3-1），收购价格为9.8万元，整备翻新的费用是1 000元，车辆保险有效期至2020年12月31日，该车欲于2020年12月31日前销售。 按该公司的固定成本构成情况分析，分摊二手车销售这一块的固定成本摊销率为1%。收购车辆时的运输费用为65元，从收购日起到预计的销售日，分摊到该车上的日常维护费用为400元，该车辆存放期间，银行的活期存款年利率为0.36%；本车型属于大众车型，市场保有量较大，且销售情况平稳。 该公司目前处于比较稳定的经营时期，二手车销售状况也比较稳定  图6-3-1　大众朗逸轿车
销售价格计算过程

3. 评价标准

班级:		姓名:	得分:	
日期:		学号:		
序号	评分项	得分条件	分值	得分
1	变动成本	变动成本相加后，考虑产生的利息	10 分	
2	总成本	计算完整	10 分	
3	成本加成率	取值合理	10 分	
4	利润目标	利润目标合理	10 分	
5	定价策略	定价策略合理	10 分	
6	销售价格	价格合理	10 分	
7	素质要求	（1）小组同学有分工，分工明确	10 分	
		（2）成员之间相互协作	15 分	
		（3）协作氛围良好	15 分	

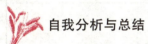

自我分析与总结

学生改错：

学会的内容

学生总结：

项目学习成果实施与测评

1. 项目学习成果名称：二手车交易

班级：	小组成员：

核心内容
诚信二手车公司迎来了一位张女士，由于资金问题，她想把她的爱车卖掉，评估师小蔡接待了这位客户。经理要求小蔡完成本次收购工作，同时制定车辆整备翻新计划，并制定销售价格

基本要求
以小组为单位完成本次工作： 　　任务1：模拟收购过程，填写相关表格； 　　任务2：根据车辆特点，制定整备翻新计划； 　　任务3：根据公司运行情况，结合车辆整备翻新费用和收购成本，确定销售价格

任务实施
每个小组派出两名同学，一个小组模拟二手车评估师，一个小组模拟顾客。 　　其他同学在其他环节与小组成员共同完成

二手车鉴定估价登记表

车主		所有权性质		联系电话		
地址					经办人	
原始情况	车辆名称		型号		生产厂家	
	结构特点		发动机型号		车架号：	
	载质量/座位数/排量		燃料种类			
使用情况	初次登记日期		牌照号		车籍	
	已使用年限		累计行驶里程		工作性质	
	大修次数	发动机			工作条件	
		整车				
	维修情况		现时状态			
	事故情况					
	现时技术状况					
手续情况	证件					
	税费					
价值反映	购置日期		账面原值/元		账面净值/元	
	车主报价/元		重置原值/元		初估价值/元	

二手车收购合同

使用说明

一、本合同是依据《中华人民共和国合同法》《二手车流通管理办法》等有关法律、法规等制定的示范文本，供当事人约定使用。

二、本合同所称的收购人，是指购买二手车的当事人。本合同所称的售卖人，是指出让二手车的当事人。

四、售卖人应向收购人提供车辆的使用、修理、事故、检验以及是否办理抵押登记、海关监管、交纳税费期限、使用期限等真实情况和信息。收购人在签订本合同前，应当仔细了解、查验二手车的车况、有关车辆的证明文件及了解各项服务内容等。

四、收购车辆达到两辆以上时，只需加附《车辆基本情况表》。

五、本合同有关条款下均有空白项，供当事人自行约定。

六、本合同示范文本自 2010 年 8 月 3 日起使用。

收购人（以下简称甲方）：_____

售卖人（以下简称乙方）：_____

第一条　目的

依据有关法律、规范和规章规定，甲乙双方为完成二手车收购事项，双方在自愿、平等和协商一致的基础上签订本合同。

第二条　当事人及车辆情况

（一）甲方基本情况：

单位代码证号：□□□□□□□□□

法定代表人：_____

经办人：_____

身份证号码：□□□□□□□□□□□□□□□□□□

单位地址：_____

邮政编码：_____

联系电话：_____

（二）乙方基本情况：

1. 单位代码证号：□□□□□□□□□

法定代表人：_____

经办人：_____

身份证号码：□□□□□□□□□□□□□□□□□□

单位地址：_____

邮政编码：_____

联系电话：_____

自然人身份证号码：☐☐☐☐☐☐☐☐☐☐☐☐☐☐☐☐☐☐

现居住地址：＿＿＿＿＿＿＿＿＿＿

邮政编码：＿＿＿＿＿＿＿＿

联系电话：＿＿＿＿＿＿＿＿

(三) 车辆基本情况：

车辆牌号：＿＿＿＿＿＿＿＿

车辆类型：＿＿＿＿＿＿＿＿

厂牌、型号：＿＿＿＿＿＿＿＿

颜色：＿＿＿＿＿＿

初次登记日期：＿＿＿＿＿＿＿＿

登记证号：＿＿＿＿＿＿＿＿

发动机号码：＿＿＿＿＿＿＿＿

车架号码：＿＿＿＿＿＿＿＿

行驶里程：＿＿＿＿＿＿＿＿km

使用年限：＿＿＿＿＿＿＿＿

车辆年检签证有效期至＿＿＿年＿＿＿月＿＿＿日

排放标准：＿＿＿＿＿＿＿＿

车辆购置税完税证明证号：＿＿＿＿＿＿＿＿

车辆使用纳税缴付截止期：＿＿＿＿＿＿＿＿

车辆养路费交讫截止期：＿＿＿年＿＿＿月＿＿＿日（证号＿＿＿）

车辆保险险种：＿＿＿＿＿＿＿＿

配置：＿＿＿＿＿＿＿＿＿＿＿＿＿＿＿＿＿＿＿＿＿＿＿＿＿＿＿＿＿＿

其他情况：＿＿＿＿＿＿＿＿＿＿＿＿＿＿＿＿＿＿＿＿＿＿＿＿＿＿

第三条　车辆价款

车价款为人民币＿＿＿＿＿＿元（大写＿＿＿＿＿＿），其中包含车辆、备胎以及＿＿＿＿＿＿等款项。双方确定本车车款是在以上第二条的基础上确定的。

第四条　定金和价款的支付、车辆保管

(一) 甲方应于本合同签订时，按车价款＿＿＿％（≤20%）、人民币＿＿＿＿＿＿元（大写）作为定金支付给乙方。

(二) 车辆在交易完成前，选择以下第（　）项方式保管：

1. 继续由乙方使用和保管；

2. 交由甲方保管；

3. 交由第三方代为保管（车辆应存放于第三方指定地点，并由第三方和甲、乙双方查验认可）。

(三) 本合同签订后日内，甲方应向乙方支付车价款人民币＿＿＿＿＿元（大写＿＿＿＿＿＿元）

（四）乙方应予本合同签订后_____日内，将本车办理过户☐/转籍☐所需的有关证件原件以及复印件交付给甲方（做好签收手续），并协调甲方办理该车的刑侦核查手续。

第五条 权利与义务

（一）乙方承诺出卖车辆不存在任何权属上的法律问题和尚未处理完毕的道路交通安全违法行为或者交通事故；应提供车辆的使用、修理、事故、检验以及是否办理抵押登记、海关监管、交纳税费期限及使用期限等真实情况和信息。

（二）各方应在约定的时间内提供各类证明、证件并确保真实有效。

第六条 违约责任

（一）甲方违约时，不得向乙方主张返还定金并赔偿乙方相应损失；乙方违约时，向甲方双倍赔付定金并赔偿甲方相应损失。

（二）乙方未按合同约定交付的，应按延期天数向甲方支付违约金每天人民币_____元。

（三）甲方延期交付的应按延期天数向乙方支付违约金每天人民币_____元。

第七条 争议解决方式

因本合同发生的争议，由当事人协商解决，或向有关行业组织及消费者协会申请调解。当人不愿协商、调解，或协商、调解不成的，按下列第_____种方式解决：

（一）向仲裁委员会申请仲裁；

（二）向人民法院起诉。

第八条 其他

本合同经双方当事人签字或盖章后生效，本合同一式2份。

附件：《车辆基本情况表》

甲方（签章）：	乙方（签章）：
法定代表人（签章）：	法定代表人（签章）：
经办人：	经办人：
开户银行：	开户银行：
账号：	账号：
签约时间： 年 月 日	签约时间： 年 月 日

签约地点：

合同填写中的注意事项：

1. 由于历史原因，许多车辆的实际车主并非行驶证上登记的车主，在法律意义上，非行驶证登记的车主本人签署的车辆交易协议是无效的，因此，协议上必须注明相关内容及责任条款。

2. 为控制风险，一般支付定金为1 000~2 000元。支付后，视交车时间的长短，同时最好能收取车主的一些非随车证件作为履约保证，如保险单、维修保养手册、养路费单据、车辆购置税完税证明等。

请同学们通过以下步骤确定这辆车的销售价格：

制定二手车销售价格

1. 固定成本费用摊销率的确定
按该4S店的固定成本构成情况分析，分摊二手车销售这一块的固定成本摊销率为1%。
2. 变动成本的确定
该车实体价格即为收购价格：_____；
收购车辆时的运输费用为65元；
从收购日起到预计的销售日，分摊在该车上的日常维护费用为400元；
该车收购后，维修翻新费用合计_____；
该车辆存放期间，银行的活期存款年利率为0.36%
该二手车的变动成本 = _____；
该二手车的总成本费用=收购价格×固定成本费用摊销率+变动成本 = _____
_____。
3. 销售价格的确定
按成本加成定价法，本车型属于大众车型，市场保有量较大，且销售情况平稳。根据销售时日的市场行情，一般成本加成率为6%左右。因此该车的销售价格 = 该车总成本×(1+成本加成率) = _____。
4. 最终价格的确定
该4S店目前处于比较稳定的经营时期，二手车销售状况也比较稳定，故应取获取合理利润为目标，所以成本加成率不做调整，即仍取6%。
该车不准备采用折扣定价策略，而上述计算结果中有精确的尾数，即采用尾数定价策略，也不再做调整。故该二手车的最终销售价格为_____。

2. 项目学习成果测评标准

班级：				
日期：		总分：		
序号	评分项	得分条件	分值	得分
1	二手车收购	接待礼仪符合要求	10分	
		车况鉴定准确，能够根据车况制定合理的收购价格	10分	
		收购合同填写规范	10分	
2	整备翻新	整备翻新项目合理，费用合理	10分	
		整备翻新计划合理	5分	
3	二手车销售价格	销售价格制定合理	10分	
		价格制定时考虑问题比较全面	5分	
		策略运用得当	10分	
4	素质要求	通过小组协作成功完成本次任务	10分	
		小组成员全员参与	10分	
		工作过程规范、严谨	10分	

课程学习成果实施与测评

1. 课程学习成果名称：二手车鉴定评估与交易

班级：	小组成员：

实施要求
每个小组分别对一辆私家车进行技术鉴定和估价，并按照"任务内容"要求完成本次任务，规范填写各种表格，操作流程符合"二手车鉴定评估"技能大赛要求

任务内容
以小组为单位，按照技能大赛要求完成本次工作： 　　任务1：模拟接待客户过程，判断车辆是否可以交易； 　　任务2：对车辆进行技术鉴定，判断车辆是否为事故车； 　　任务3：对车辆外观进行技术鉴定； 　　任务4：对发动机舱进行技术鉴定； 　　任务5：对驾驶舱、行李箱进行技术鉴定； 　　任务6：对车辆底盘进行检查； 　　任务7：对车辆起动性进行检查； 　　任务8：根据车辆技术状况，选用合适的成新率计算方法和估价方法对车辆进行估价； 　　任务9：填写二手车鉴定评估报告； 　　任务10：将以上6个任务的工单和工作过程进行拍照或拍摄视频，并上传至课程平台

任务实施
每个小组4名同学，1名同学模拟评估师，1名同学模拟助理评估师，1名同学模拟顾客，1名同学负责拍摄。 　　由组长分配任务，每位同学需要熟知自己的任务，勇于担当，团队协作，发扬工匠精神，力求评估结果与实际和市场相符

任务 1 工单　鉴定评估基本信息确认

序号	检查项目	检查过程记录
1	接待	
2	车主身份证	
3	行驶证	
4	机动车登记证书	
5	交强险保单	
6	原车发票	
7	购置税	
8	车船税	
9	商业险	
10	年检合格标志	
11	交强险标志	
12	车钥匙	
13	邀请客户签字	
14	VIN 码钢印	
15	校验漆膜厚度检测仪	
16	其他	

任务 2 工单　事故车判定

序号	检查项目	检查过程记录
1	车体左右对称性	
2	左 A 柱	
3	左 B 柱	
4	左 C 柱	
5	右 A 柱	
6	右 B 柱	
7	右 C 柱	
8	左前纵梁	
9	右前纵梁	
10	左前减震器悬挂部位	
11	右前减震器悬挂部位	
12	左后减震器悬挂部位	
13	右后减震器悬挂部位	
14	其他	

说明：

1. 该项目按照国家二手车鉴定评估技术规范进行事故车判定，暂不判定泡水车和火烧车。

2. 该项目为事故车单项判定，若判定车辆为事故车，则不影响其他项目检查，且不影响其他项目技术鉴定得分

任务 3 工单　车辆外观检查

序号	检查项目	检查过程记录
1	前风窗玻璃	
2	发动机舱盖表面	
3	前保险杠	
4	前照灯	
5	左前翼子板	
6	左后视镜	
7	左前车门	
8	左前轮轮毂	
9	左前轮轮胎	
10	左后车门	
11	左后轮轮毂	
12	左后轮轮胎	
13	左后翼子板	
14	后挡风玻璃	
15	行李箱盖	
16	后保险杠	
17	后尾灯	
18	右后翼子板	
19	车顶	
20	右后车门	
21	右后轮轮毂	
22	右后轮轮胎	

续表

序号	检查项目	检查过程记录
23	右前车门	
24	右前轮轮毂	
25	右前轮轮胎	
26	右前翼子板	
27	右后视镜	
28	四门车窗玻璃	
29	前后刮水器	
31	其他	

任务4工单 发动机舱检查

序号	检查项目	检查过程记录
1	发动机舱盖锁止	
2	发动机舱盖液压撑杆	
3	机油有无冷却液混入	
4	缸盖外是否有机油渗漏	
5	前翼子板内缘、水箱框架、横拉梁有无凹凸或修复痕迹	
6	散热器格栅有无破损	
7	蓄电池电极桩柱有无腐蚀	
8	蓄电池电解液有无渗漏、缺少	
9	发动机皮带有无老化	
10	油管、水管有无老化、裂痕	
11	线束有无老化、破损	
12	其他	

任务 5 工单　驾驶舱、行李箱检查

序号	检查项目	检查过程记录
1	车内是否无水泡痕迹	
2	车内后视镜、座椅是否完整、无破损、功能正常	
3	车内是否整洁、无异味	
4	转向盘自由行程转角是否小于 20°	
5	车顶及周边内饰是否无破损、松动及裂缝和污迹	
6	仪表台是否无划痕，配件是否无缺失	
7	排挡把手柄及护罩是否完好、无破损	
8	储物盒是否无裂痕，配件是否无缺失	
9	天窗是否移动灵活、关闭正常	
10	门窗密封条是否良好、无老化	
11	安全带结构是否完整、功能是否正常	
12	驻车制动系统是否灵活有效	
13	玻璃窗升降器、门窗工作是否正常	
14	左、右后视镜折叠装置工作是否正常	
15	左前门车门锁止	
16	左前门立柱密封条	
17	行李箱内侧	
18	行李箱液压支撑杆	
19	行李箱盖锁	
20	行李箱密封条	
21	备胎	
22	千斤顶	
23	轮胎扳手	
24	三角警示牌	
25	灭火器	
26	其他	

任务 6 工单　底盘检查

序号	检查项目	检查过程记录
1	发动机油底壳是否无渗漏	
2	变速箱体是否无渗漏	
3	转向节臂球销是否无松动	
4	三角臂球销是否无松动	
5	传动轴十字轴是否无松旷	
6	减震器是否无渗漏	
7	减震弹簧是否无损坏	
8	排气管及消声器	
9	其他	

任务 7 工单　起动检查

序号	检查项目	检查过程记录	扣分合计
1	车辆起动是否顺畅（时间少 5 s，或一次起动）		
2	仪表板指示灯显示是否正常，且无故障报警		
3	各类灯光和调节功能是否正常		
4	空调系统是否正常		
5	发动机怠速运转是否平稳		
6	怠速运转时发动机是否无异响，空挡状态下逐渐增加发动机转速，发动机声音过渡是否无异响		
7	通过诊断仪对车辆故障进行检测		
8	其他		

任务 8 工单　计算车辆评估价格

车辆信息：
成新率计算过程：
估价过程：
二手车估价结果：
车辆最后估价：

任务9工单 二手车鉴定评估报告

1. 序言

我公司根据国家有关资产的评估的规定，本着客观、独立、公正、科学的原则，按照公认的资产评估方法，对（　　　　）进行了鉴定评估。本机构鉴定评估人员按照必要的程序，对委托鉴定评估的车辆进行了实地勘查与市场调查，并对其在　年　月　日所表现的市场价值做出了公允反映。现将车辆评估情况及鉴定评估结果报告如下：

2. 委托方和车辆所有方简介

（1）委托方：_____

委托方联系人：_____

联系电话：_____

（2）根据机动车行驶证所示，委托车辆车主为：_____

3. 评估目的

根据委托方的要求，本项目评估的目的为：

□交易　　□转籍　　□拍卖　　□置换　　□抵押　　□担保　　□咨询　　□司法裁决

4. 评估对象

评估车辆的厂牌型号：_____

号　牌　号　码：_____

发　动　机　号：_____

车辆表示代码/车架号：_____

登　记　日　期：_____年____月

年审检验合格至：_____年____月

车辆购置附加税（费）证：_____

车　船　使　用　税：_____

该车手续齐全有效。

5. 鉴定评估基准日

鉴定评估基准日：_____年____月____日

6. 评估原则

严格遵守"客观性、独立性、公正性、科学性"原则。

7. 评估依据

（1）行为依据：二手车（旧机动车）评估委托书第_____号。

（2）法律和法规依据。

310

① (国资办发〔1992〕36 号)《国有资产管理办法》及《国有资产评估管理办法实施细则》。

②《国有资产评估管理办法实施细则》。

③《二手车流通管理办法》。

④《二手车流通管理办法实施细则》。

⑤国家经贸委等部门《汽车报废标准》(国经贸委〔1997〕456 号)、《关于调整轻型载货汽车及其补充规定》(国经贸委〔1998〕407 号)、《关于调整汽车报废标准若干规定的通知》(国经贸委〔2000〕1202 号)。

⑥国经贸委〔2002〕825 号《关于规范旧机动车鉴定评估工作的通知》。

⑦公安部 2004 年 4 月 30 日办法《旧机动车登记规定》。

⑧其他相关的法律法规。

(3) 产权依据。

委托鉴定评估车辆的机动车登记证书编号：_____。

8. 评估办法

□重置成本法　　□现行市价法　　□收益现值法　　□清算价格法　　□其他

注：其他是指用两种或两种以上评估结果的加权平均值作为评估值，比较少用。

计算过程如下：

9. 评估过程

按照接受委托、验证、现场查勘、评定估算和提交报告的程序进行。

10. 评估结论

车辆评估价格：_____

金额大写：_____

11. 特别事项说明

12. 评定报告法律效力

(1) 本项评估结论有效期为 90 天，自评估基准日至_____年____月____日止。

(2) 当评估目的在有效期内实现时，本评估结果可为作价参考依据；超过 90 天，须承诺重新评估。另外在评估有效期内被评估车辆的市场价格发生变动或因交通事故导致车辆的价格发生变化，对车辆的评估结果产生明显影响时，委托方也需要重新委托评估机构重新评估。

(3) 鉴定评估报告书的使用权归委托方所有，其评估结果仅供委托方为本项目评估目的使用和送交就机动车鉴定评估主管机关审查使用，不适用于其他目的；因使用本报告书不当而产生的任何后果与签署本报告书的鉴定估价师无关；未经委托方许可，本将定评估机构承诺不将本报告书的内容相他人提供或公开。

附件：

一、鉴定评估委托

二、二手车鉴定评估作业表

三、车辆行驶证、购置附加税（费）证复印件

四、鉴定估价师职业资格证书复印件

五、鉴定评估机构营业执照复印件

六、修理定损清单

七、旧机动车照片（要求外观清晰，车辆牌照能够辨认）

注册旧机动车鉴定估价师　　　　　　　　　　　　复核人

（签字、盖章）　　　　　　　　　　　　　　　　（签字、盖章）

旧机动车鉴定评估机构盖章　　　　　　　　　　　　　　　年　月　日

二手车鉴定评估作业表

车主		所有权性质		联系电话			
住址				经办人			
原始情况	车辆识别代号（VIN）				车身颜色		
	发动机号						
	座位/功率				燃油类型		
	初次登记日期				车辆出厂日期		
	已使用年限		累计行驶里程		用途		
核对证件	证件	原始发票　机动车登记证书　机动车行驶证　法人代码证书或身份证　其他					
	税费	购置附加税　养路费　车船使用税　其他					
现实技术状况							
维护保养情况				现时状态			
价值反映	账面原值		车主报价				
	重置成本		成新率		折扣率		评估价

鉴定评估目的：交易　转籍　拍卖　置换　抵押　担保　咨询　司法裁决

鉴定评估说明：

旧机动车鉴定评估师（签名）　　　　复核人（旧机动车高级鉴定评估师）（签名）
　　　　年　月　日　　　　　　　　　　　　　　　　年　月　日

2. 课程学习成果测评标准

班级：					
日期			总分：		
序号	评分项	得分条件		分值	得分
1	接待礼仪	语速合适，表达清晰；妆容、服装、仪态符合汽车营销人员职业要求；始终保持微笑		10	
2	项目检查	项目漏检，每漏一项扣1分		60	
		检查方法错误，每次扣1分			
3	车辆估价	项目漏检，每漏一项扣1分			
		检查方法错误，每次扣1分			
4	撰写评估报告	能够按照格式要求，规范填写			
		报告后的附加材料完整			
5	素质要求	组长分工明确		5	
		组员各尽其职，熟知工作内容		5	
		组员之间相互协作，有责任心和担当精神		5	
		车辆鉴定过程细致、严谨，车况符合实际		5	
		估价数据与市场相符，追求精益求精的精神		5	
		工作过程有创新		5	

参 考 文 献

［1］李亚莉. 二手车鉴定与评估［M］. 上海：同济大学出版社，2019.

［2］姜正根. 二手车鉴定评估实用技术［M］. 北京：中国劳动社会保障出版社，2007.

［3］潘秀艳. 二手车鉴定及评估［M］. 北京：北京理工大学出版社，2019.

［4］孙泽涛. 二手车鉴定评估与交易［M］. 北京：机械工业出版社，2020.

［5］黄旭. 二手车鉴定与评估［M］. 北京：北京邮电大学出版社，2014.

［6］吴兴敏. 二手车鉴定与评估［M］. 北京：人民邮电出版社，2014.